U0664786

/ 100 位

为新中国成立作出突出贡献的英雄模范人物/

格里戈里·库里申科

杜之祥/编著

★

吉林文史出版社

图书在版编目（CIP）数据

格里戈里·库里申科 / 杜之祥编著. -- 长春：吉
林文史出版社，2011.4（2022.4重印）
（100位为新中国成立作出突出贡献的英雄模范人物）
ISBN 978-7-5472-0594-5

Ⅰ. ①格… Ⅱ. ①杜… Ⅲ. ①库里申科
（1903～1939）－生平事迹 Ⅳ. ①K835.125.2

中国版本图书馆CIP数据核字(2011)第051238号

格里戈里·库里申科

GELIGELI KULISHENKE

编著/ 杜之祥

选题策划/ 王尔立　责任编辑/ 王尔立

装帧设计/ 韩璘

出版发行/ 吉林文史出版社

地址/ 长春市福祉大路5788号　邮编/ 130118

电话/ 0431-81629363　传真/ 0431-86037589

印刷/ 天津海德伟业印务有限公司

版次/ 2011年4月第1版 2022年4月第6次印刷

开本/ 640mm×920mm　1/16

印张/ 9 字数/ 100千

书号/ ISBN 978-7-5472-0594-5

定价/ 29.80元

《100位为新中国成立作出突出贡献的英雄模范人物》丛书

★★★★★

编 委 会

100位

为新中国成立作出突出贡献的英雄模范人物／

八女投江	于化虎	小叶丹	马本斋	马立训	方志敏
毛泽民	毛泽覃	王尔琢	王尽美	王克勤	王若飞
邓萍	邓中夏	邓恩铭	韦拔群	冯平	卢德铭
叶挺	叶成焕	左权	诺尔曼·白求恩		任常伦
关向应	刘老庄连	刘伯坚	刘志丹	刘胡兰	吉鸿昌
向警予	寻淮洲	戎冠秀	朱瑞	江上青	江竹筠
许继慎	阮啸仙	何叔衡	佟麟阁	吴运铎	吴焕先
张太雷	张自忠	张学良	张思德	旷继勋	李白
李林	李大钊	李公朴	李兆麟	李硕勋	杨殷
杨子荣	杨开慧	杨虎城	杨靖宇	杨闇公	萧楚女
苏兆征	邹韬奋	陈延年	陈树湘	陈嘉庚	陈潭秋
冼星海	周文雍、陈铁军夫妇		周逸群	明德英	林祥谦
罗亦农	罗忠毅	罗炳辉	郑律成	恽代英	段德昌
贺英	赵一曼	赵世炎	赵尚志	赵博生	赵登禹
闻一多	埃德加·斯诺		夏明翰	格里戈里·库里申科	
狼牙山五壮士		聂耳	郭俊卿	钱壮飞	黄公略
彭湃	彭雪枫	董存瑞	董振堂	谢子长	鲁迅
蔡和森	戴安澜	瞿秋白			

前　言

　　每个人的心中都多少有一点英雄情结，都向往英雄、景仰英雄。也正因此，在中华人民共和国建国六十周年之际，由中央十一部委联合组织开展的"100 位为新中国成立作出突出贡献的英雄模范人物和 100 位新中国成立以来感动中国人物"的评选活动中，群众参与投票总数近一亿。这其中的每一张选票，都表达了人们对英雄模范的崇敬之情，寄托着对伟大祖国的美好祝福。

　　一个民族不能没有英雄，否则这个民族就不会强大。当国家危难之时，懦弱者选择了逃避、妥协甚至投降，英雄们却挺身而出，用热血捍卫民族的尊严，人民的幸福。在创立和建设新中国的伟大历程中，涌现出无数可歌可泣的英雄模范人物。他们之中，有为了民族独立和人民解放而英勇牺牲的革命先烈，有为了党和人民的事业而不懈奋斗的优秀共产党员，有在全民族抗战中顽强奋战、为国捐躯的爱国将士，有英勇杀敌的战斗英雄和革命群众，有积极从事进步活动的著名民主爱国人士和国际友人……他们是民族的脊梁、祖国的骄傲，是激励全体人民团结奋斗的精神力量。

　　《100 位为新中国成立作出突出贡献的英雄模范人物传记》丛书，就像一部星光璀璨的英雄谱，真实、完整地记录了英雄模范人物不平凡的一生，再现了他们非凡的人格魅力和精神世界。"头颅可断腹可剖"的铁血将军杨靖宇，"毫不利己，专门利人"的白求恩，"抗战军人之魂"张自忠，"砍头不要紧"的夏明翰，"俯首甘为孺子牛"的文化斗士鲁迅……一串串闪光的名字，一个个动人的故事，犹如群星闪烁，光耀中华。

　　如今，战火已熄，硝烟已散，英雄已逝，我们沐浴在和平的幸福之中。在和平年代，人们不会忘记为今日的和平浴血奋战的英雄们，英雄的故事永远不会结束。让我们用英雄的故事唤醒我们心中的激情，为中华民族的伟大复兴而奋斗。

生平简介

　　格里戈里·库里申科（1903-1939），男，乌克兰人，联共（布）党员。

　　格里戈里·库里申科是苏联空军飞行大队长。1939 年，他和考兹洛夫受苏联政府派遣，率两个"达沙式"轰炸机大队来华，援助中国人民的抗日战争。库里申科以朴素、坚实、谦逊、热情、友好和对工作认真的态度，赢得了中国飞行员的尊敬和赞誉。他不知疲倦地向中国飞行员讲解飞机性能、特点，并把先进的操作技术和战术，无私地传授给中国飞行员。他对中国飞行员要求严格，上课、训练、飞行一丝不苟，讲解通俗易懂，深入浅出。1939 年 10 月 14 日下午，库里申科接到作战命令，出击日军某军事基地，他立即率队驾机迅速沿长江向东飞去。编队飞临武汉上空时，遭到日军机群的拦截。库里申科沉着地指挥机群，对敌机展开攻击。经过激战，击落六架敌机。狡猾的敌人以三架战斗机包抄库里申科的指挥机，他的飞机遭到重创，单机冲出重围，仅以一个发动机沿着长江向驻地返航。到达万州上空时，机身失去平衡，难以控制。为了保护飞机免遭破坏，他不顾个人安危，操纵飞机，寻机迫降，终于平稳迫降在长江水面上。库里申科由于长时间驾机，劳累过度，再也无力跳出机舱，为中国人民的抗日战争献出了年轻生命。

1903-1939
[GELIGELI KULISHENKE]

◁ 格里戈里·库里申科

目录 MULU

苦难的童年 / 002

生于农奴家庭的库里申科有着悲惨的童年。他的父亲阿基莫维奇为了保卫新生的红色政权献出了宝贵的生命。次年冬天他的母亲在极度困苦悲伤中去世了。不久，可怕的伤寒病夺去了他三个兄弟的生命。

0-18岁

斗争中成长 / 005

在一个共青团书记的介绍下，年轻的库里申科来到国营农场工作，他优秀的工作能力得到了肯定，被选为支部书记，从此走上了苏维埃的建设之路。

19-26岁

当空军崭露头角 / 008

他优秀的表现，使他成为一名优秀的飞行员，不久被任命为大队长。中日战争爆发，库里申科和他的飞行大队全体指战员一起提交了参加空军志愿队，支援中国人民反抗日本帝国主义侵略战争的《请战书》。

27-34岁

铭记历史 珍爱和平（代序）

2010 年 9 月 3 日。

这一天，是抗日战争胜利和世界反法西斯战争胜利 65 周年。

这一天，中国大地处处举行活动，纪念这一伟大日子。

重庆万州，在中华人民共和国国务院公布的全国重点烈士纪念建筑物保存单位——库里申科烈士陵园内，各界群众、大中小学生，有的在高大的白色大理石墓碑前敬献上精致的花篮；有的手捧白色的菊花、红色的玫瑰，一丛丛一朵朵，心香悼英灵；特别天真无邪的少先队员，在墓前金色的库里申科半身塑像颈子上，系上一条耀眼的红领巾……

人们为七十多年前献身中华的苏联志愿援华抗日烈士默默祈祷：安息吧！英勇无畏的英雄！

一位教师正在墓地向同学们讲述库里申科的生平——

……七十多年前的抗日战争时期，苏联空军志愿大队长库里申科带领战友们，来到硝烟弥漫的中国援华抗日，他们以震惊世界的战绩，在中国抗日战争史上，写下了无比辉煌的一页；英雄的库里申科更是用鲜血和生命，在中苏人民友好史册上，记下了永远灿烂的篇章。

库里申科，在中国永垂青史！

库里申科，在华夏千古流芳！

苏联空军英雄

（1903－1937）

→ 苦难的童年

★★★★★

（0—18岁）

库里申科的全名是格里戈里·阿基莫维奇·库里申科。

库里申科，1903年出生在沙俄统治的乌克兰基辅附近希纳切列宾村农奴阿基莫维奇家里。

这是个农奴后代的大家庭。

阿基莫维奇夫妇，一共生养了十个儿女。

库里申科一离娘胎，便和父母及兄弟姐妹们一起，浸泡在苦水里。

一家人在沙皇和农奴主的压榨下，好不容易挣扎到1917年冬，终于爆发了十月革命，12月，乌克兰苏维埃社会主义共和国建立了，1922年，又同俄罗斯联邦等组成苏维埃社会主义共和国联盟（简称苏联）。

▷ 格里戈里·阿基莫维奇·库里申科

农奴阿基莫维奇一家和千千万万农奴一样，砸碎了枷锁，得到了彻底解放。

正当他们踏上新的生活道路时，1918年初，那些不甘心灭亡的帝俄反动分子，勾结英、法、美、日等十多个国家的反动武装，在苏维埃广袤的土地上，掀起一场反对苏维埃新生红色政权的国内战争，侵占大片土地，扶植傀儡政权。

库里申科的父亲阿基莫维奇，为了保卫新生的红色政权，毅然丢下妻子和八个儿女，参加红军四处转战，历时近三年，直到1920年11月，驱逐外国武装干涉和消灭白匪的国内战争终于胜利结束。他带着在战场上枪弹留下的满身伤痕——德国的、法国的、邓尼金匪徒和彼得留拉匪徒打的，返回家乡。

库里申科的父亲回家后，由于旧伤复发，很快就死去了。

1921年冬天，随着严冬的来临，死神又一次再次地光顾库里申科家里。

母亲去世了。

可怕的伤寒症在村中肆虐。

在阿基莫维奇家低矮倾斜的农舍里，库里申科几兄弟同时传染上了伤寒。

家徒四壁。屋里没有引火劈柴，更没有治疗伤寒病的任何药物。

兄弟们都发着高烧，一个个脸色铁青，头发脱落，全身浮肿。

又病又冷，又饥又渴。

伤寒，很快就夺去了三个兄弟的生命。

为了生存，大哥安德列、二哥瓦西里，带着库里申科去沿街讨乞，好养活另外两个奄奄一息的兄弟伊万和雅可夫。

整个切列宾村都处于瘟疫、饥馑、寒冷的包围之中，哪有什么东西供这几个死里逃生的兄弟们充饥和取暖？

为了生存，库里申科和两个哥哥在走投无路的情况下，被迫给富农当长工。

三兄弟的心里，都充满悲愤和仇恨。特别是库里申科，他几乎不曾有过无忧无虑的童年，先是给教堂执事当小牧童，后来又为村里的富农当童工。

他们都知道，父亲阿基莫维奇是多么仇恨富农的剥削啊！原来他们十口之家，却只有不到一俄亩土地。

父亲在国内战争中，转战整个乌克兰，身上留下那么多帝国主义分子和国内反动分子打的弹洞，绝不是为了让自己一个又一个儿子，再去继承他的衣钵给富农当长工啊！

⊙→ 斗争中成长

☆☆☆☆☆

（19-26岁）

给富农当长工的库里申科，渴望识字读书，每到冬天无事时，他就用几块破布裹上脚，往教会办的学校里跑。

两年以后。

春暖花开时节，库里申科在村外树林中为富农牧羊时，碰巧遇见了来自科尔申的共青团书记。

当对方了解到库里申科是在为富农干活时，便十分热情地对他讲："为富农干活，用自己的血汗来养活那些脑满肠肥的吸血虫，是十分可耻的行为！"他接着说："我们要在切列宾村旁，组建个国营农场，欢迎你来农场干活。"

库里申科飞跑到富农的田地里，向正在那里干活的两个哥哥报告这个喜讯。

米哈伊洛夫国营农场，很快就在切列宾村组建起来。

库里申科和大哥安德烈、二哥瓦西里，成了农场的第一批工人。

从此，库里申科的生活，就像明媚的春天一样，脚下铺满锦绣前程。

在列宁和斯大林的领导下，苏维埃的时代步伐飞快向前，青年人的成长也很迅速。

不久，库里申科参加了共青团，后来又成了农场共青团的组织者之一。

库里申科的工作和才能，得到农场上下的一致称赞。

为了培养苏维埃的建设人才，库里申科被送到速成中学去学习。后来，又分配到雅戈津糖厂。

他到工厂只几个月，就被选为工厂共青团支部书记。

库里申科结实的双肩，承担起了重重的担子。

雅戈津糖厂共青团支书库里申科，由于工作出色，特别是把团支部活动的小场所，变成为面向广阔的世界，很快就被调到共青团区委做指导员。

在那疾风暴雨的阶级斗争年代，库里申科作为区委会的全权代表，奔走于各乡村之间，组织和领导群众打击富农，创建集体农庄，进行粮食收购。

在斗争中，他参加了布尔什维克党，成了一名无产阶级战士。

接着，又被党组织派到黑山马拉杰维茨区的日纳缅卡村担任农村党支部书记。

"日纳缅卡"在俄语中是"旗帜"的意思。这是新改的村名。党组织希望库里申科在农村苏维埃树立旗帜的这个村子里，帮助村民尽快摆脱贫困和愚昧，走向繁荣，走向富强。

库里申科在日纳缅卡组建起了集体农庄，完成了粮食收购年度计划。

→ 当空军崭露头角

20 世纪 30 年代初，库里申科参加了红军，不久就成为一名飞行员。

库里申科应征入伍时，是当陆军。然而，他却梦寐以求驾驶飞机上蓝天。

当空军，是他从小的志愿。

在陆军部队，库里申科成了全营的优秀战士和神枪手。但他仍念念不忘当空军的理想。

营长了解到这位优秀战士从小就渴望当一名飞行员时，便亲自出面与有关方面联系，六个月后，帮助库里申科转入了空军部队。

库里申科无比高兴地跨入斯大林格勒航空学校学习。

他，学习飞行理论，孜孜不倦；钻研飞

行技术，如饥似渴。经历过工厂、农村工作和斗争锻炼的库里申科十分明白：要想在任何领域出类拔萃，不竭尽全力，绝不会达到目的。

20世纪30年代初期，苏联空军正值初创阶段。

航校学员上天学驾驶，刚开始是驾驶滑翔机，学员们戏称它为"小鸭子"。接着驾驶的是"P—1"型单引擎机翼下挂"炸弹"的小飞机。

只要一上天，库里申科就像着了魔一样，将学习的飞行理论用于驾驶实践，在蓝天上下翻飞、翱翔。

库里申科渐渐在航校学员中崭露头角。

他，第一个单独驾驶"P—5"型飞机放飞；

他，能轻松地驾机爬上4000米以上的高度；

他，能迅速地掌握新型的轰炸机……

这些，都令其他学员无比羡慕。

经过两年刻苦的学习和锻炼，库里申科拿着优秀的毕业鉴定书，戴着低级军官的方形领章，正式分配到空军部队。

在库里申科进航校学习的两年时间里，苏联空军从初创到发展，一支强大的空中力量，正飞速地建立起来。飞机制造厂造出了大量各种新型的飞机。

库里申科一到空军部队，指挥员就通知他：

"库里申科，你将驾驶'ТБ—3'。"

"ТБ—3"型飞机，是刚研制成功的大型飞机。对初出航校的库里申科来说，简直是个庞然大物：

飞行重量　19 吨

翼展宽　40 米

发动机　4 台

时速　200 公里

在他心中，"ТБ—3"与航校的"Р—5"相比，前者是雄鹰，后者是小雀。

当库里申科第一次驾驶雄鹰"ТБ—3"飞上蓝天自由翱翔时，他感到无比的骄傲和自豪。

但在飞行中他也曾接受过极为严峻的考验。

那是在一次放飞"ТБ—3"快结束时，机场已遥遥在望。突然，机身左翼的两台发动机相继熄火，情况万分紧急，稍一不慎，就会机毁人亡。库里申科没有惊慌失措，他运用所学到的全部飞行本领和驾驶技能，使右翼的两台发动机正常加速运转，终于操纵飞机安全着陆。库里申科受到大队的表彰。

在飞行大队里，他勇敢机智地闯过了夜间飞行的难关；

在飞行大队里，他携带四吨重的"炸弹"，在一千公里最大活动半径内，自由地飞来飞去，准确地投掷"炸弹"。

库里申科机组，很快就在驾驶和投弹技术方面突飞猛进，在所在的部队总是名列前茅。

不久，库里申科被任命为飞行教练员。

他把自己的全部身心，都献给了苏联空军的建设，为空军增添了力量和荣誉。

库里申科到飞行团还不足两年，又被提升为四架飞机的指挥员。还被党员们选为部队的党支部书记。

1937 年库里申科当上了飞行大队长。

飞行大队长库里申科，要求自己更加严格。他从来不满足于自己是本部队最优秀的战斗机飞行员，在他身上，有一种永不满足已取得的成就，要努力攀登新高峰的渴望。他更加刻苦地钻研飞行技术，更加严格地要求全大队的飞行员。

苏联空军，在这几年里，更是日新月异。

一年多前，在乌克兰的基辅，库里申科曾驾驶"ТБ—3"型飞机，参加过一次大规模的军事演习。

苏联空军用数百架"ТБ—3"型飞机，空降了一个带有坦克、卡车、大炮的伞兵师。

这一巨大的空中规模，曾使当时指挥四架飞机的库里申科惊叹不已。

仅仅过了一年多，作为先遣飞行大队长的库里申科,便受命驾驶并掌握新型重轰炸机"ДБ—3"。

"ДБ—3"型重轰炸机，在性能、装备、

航速等各个方面，都大大优于"ТБ—3"型飞机。"ДБ—3"可以爬高 7000 米，时速大于 300 公里。

飞行员们为"ДБ—3"新型轰炸机取了个女性名字——"达莎"。

上级要求库里申科大队，用最短时间，驾驶"ДБ—3"新型轰炸机。

飞行大队长库里申科，便整天带领自己的伙伴，飞行于祖国的蓝天之上，好让每个飞行员都能熟练地自信地飞行，就像驾驶老式的"ТБ—3"飞机一样。

1937 年 7 月 7 日，日本帝国主义伸出了侵略魔爪，发动了全面侵略中国的战争。

中国的局势，得到苏维埃国家的密切关注。

当苏联红军最高统帅斯大林大元帅得知中日战争全面爆发的消息后，便在首都莫斯科克里姆林宫，对外交人民委员季维诺夫说：

"电告中国南京蒋委员长，苏联人民坚决支持兄弟的中国人民的正义战争，谴责日本帝国主义的侵略行径。我们将从道义和物质上支持中国人民的抗日战争，包括中国人民急需的飞机、大炮、坦克等战争武器和生活、生产物资，必要时还将发动志愿人员入华参战，共同抵抗帝国主义侵略。"

1937 年秋，苏联最高苏维埃通过决议，以物质形式向正义的中国人民提供第一笔 5000 万美元的信用贷款；次年春，再次提供第二笔 5000 万美元的战争贷款。

同时，在国际联盟中，由于苏联的倡议，通过了集体制裁日本侵略者的决议，要求援助战斗在反侵略斗争最前线的中国人民。

在库里申科飞行大队里，飞行员们也在激昂慷慨地谈论如何援助中国人民抵抗日本帝国主义的侵略。

不久，库里申科得知与他一起在航校学习的战友，有的已经得到批准，作为空军志愿队飞往中国，帮助中国的抗日战争。

到了1938 年4 月，遥远的中国传来捷报：

54 架日本飞机，像上几次一样，又飞临长江边的武汉三镇，进行狂轰滥炸。但这一次，日本侵略强盗未能逃脱厄运。他们不仅遭到中国空军的抵抗，而且受到苏联歼击机的狙击。苏联空军志愿人员英勇作战，仅这一次，就击落日本飞机 21 架。

苏联空军志愿人员的胜利消息，对库里申科及飞行大队的战友，都是极大的鼓舞。

飞行大队立即召开会议。

大家愤怒声讨日本侵略军在中国犯下的罪行，强烈抗议日本飞机对中国和平城市和乡村进行强盗式的狂轰滥炸。

库里申科发言时说："中国人民抵抗日本强盗的侵略，在保卫自己的神圣领土时，不知是否需要远程轰炸机？"

他从挂包里拿出一幅中国地图，十分熟悉地向战友们指点：那是长江流域，那是武汉三镇。

同时，他又翻开珍藏的笔记本，读着扉页上面抄录的《钢铁是怎样炼成的》一书中保尔·柯察金的一段话：

我很熟悉中国地图……只要我的双腿一能走动，我就要前往中国。

然后，库里申科激动地对战友们说：

"只要中国请求派远程轰炸机，我决心去中国支援！"

大队领航员杰格佳连科一嘴接过来："我也准备去！"

中队长伊万·马沙科夫斯基站起来，慎重地宣布："我请求参加援华空军志愿军！"

"把我的名字也写上！"另一位中队长亚历山大·罗曼诺夫说。

全大队的战友，几乎都报名要求参加援华空军志愿军。

飞行大队长库里申科和政委费加罗夫商量后，由库里申科执笔，郑重其事地向上级写了《请战书》。

《请战书》中写道："我们飞行大队全体指战员，一致请求参加空军志愿队，飞往中国去支援中国人民反抗日本帝国主义侵略的战争。"

→ 与中国的不解之缘

★★★★★

（34岁）

当库里申科满怀战斗激情，书写《请战书》时，他似乎听见国内战争时期在故乡切列宾村红军国际营那两个中国籍战士就义前宁死不屈的高呼：

"苏维埃——乌拉！"

原来库里申科他早与中国结下了不解之缘。

那是苏维埃联邦共和国诞生不久……

苏维埃新生红色政权的国内战争打得十分激烈。

在库里申科家乡切列宾村，开来一支不寻常的红军部队。说这支部队不寻常，是因为队伍里，除苏联人外，还有中国人、朝鲜人……这就是能征善战的红军国际营。

红军国际营，是来保卫切列宾村人民，保卫苏维埃政权的。

国际营在离村子不远的地方，同彼得留拉匪帮展开了激烈战斗。

枪声早惊动了全村人民。

红军战士阿基莫维奇十多岁的儿子库里申科和两个哥哥，不时从低矮倾斜的农舍壁缝，向外惊恐地张望。

国际营的红军战士，与匪徒打得十分艰苦。终因力量悬殊，被迫暂时撤退。

红军营长命令两名担任机枪射手的中国"老王"，掩护部队撤退。

在国际营，对中国战士都叫"老王"。或许是姓王的中国人特别多的缘故。

红军撤退时，要翻过一座小山冈。

两名中国"老王"，占据着山冈上一间小屋，手中的机枪吐着一串串火舌，向追击红军的匪徒彼得留拉分子猛烈射击。

匪徒尸横山野。

疯狂的匪徒眼看红军大部队已翻过山冈走远，便集中心头仇恨，向小屋倾泻着枪弹。

小屋里的两个中国"老王"，都身负重伤。

但"老王"们顽强地战斗着。

小屋终于被匪徒层层包围住。

"老王"们仍顽强地战斗着。

一个"老王"，射出最后两粒子弹，两个匪徒应声被打得再也爬不起来。

另一个"老王"，也弹无虚发，将最后一颗子弹射出，让一个张牙舞爪的匪徒小头目丢掉了老命。

小屋被包围得严严实实。

"快出来投降吧！"匪徒们嚷成一片。

枪弹打尽的"老王"俩宁死不屈。

他们牢牢记住中国的古训：

"杀身以成仁，舍生以取义！"

"宁愿站着死，绝不跪着生！"

两人一商量，决定砸毁枪支，然后烧毁小屋，并与小屋同归于尽。

匪徒们一听小屋的枪声哑了，在屋里浓烟滚滚时，便蜂拥而上……

当白匪军押着遍体鳞伤的两位中国籍红军国际营战士，在切列宾村一路鞭打一路游街示众时，躲在低矮农舍里的库里申科，从倾斜的壁缝中，用既惊恐又同情的目光看着这两位战士，看着他俩身后一行行令人心悸的血迹……

中国籍红军战士枯瘦、虚弱，但两双眼睛都炯炯有神。

当库里申科的眼光，无意中与一位中国战士的眼光对视的一瞬间，战士停了一下，稍抬起头，嘴角浮出一个善意的淡淡笑意。

库里申科小小的心灵，受到强烈的震撼。

他，似乎一下子就懂得了当红军的父亲以往常常说的勇敢、无畏、视死如归……

在村子中央，成了彼得留拉匪徒屠杀红军国际营战士的刑场。两个中国"老王"被推向刑场中央。

"跪下！"刽子手发出命令。

"老王"们互相用中国话鼓励对方。然后，他们面向着自己的祖国，傲然挺立。

"跪下！"刽子手用枪筒分别殴打两个战士的小腿。

两个无畏的战士走拢来，紧紧靠在一起，更高挺起胸膛，昂起头颅，显示出中国人特有的倔犟与坚强。

"射击！"匪首下达了枪杀中国籍红军战士的命令。

这是他们对付两个不屈服的中国人的最后一招。

"苏维埃——乌拉！"

"苏维埃——乌拉！"

两个中国"老王"，为了新生的红色政权苏维埃，曾进行了殊死的战斗，在自己生命终结时，还念念不忘世界上第一个无产阶级掌握的政权，他们用学会的俄语，从肺腑发出最后的吼声。

"苏维埃——乌拉！"

如石破天惊，在切列宾村上空，久久回荡。

"苏维埃——乌拉！"

这喊声和两个中国籍红军战士宁死不屈的英雄形象，从此，深深烙在库里申科的心上，直到永远，永远……

国内战争终于以红军的胜利结束，当红军战士的父亲返回家乡。

库里申科老缠着父亲讲述红军国际营的故事，他自己也向父亲讲两个中国籍红军战士的英勇无畏……

中国，这遥远的东方之珠，在格里戈里·阿基莫维奇·库里申科的心中，从此便打上了永不磨灭的印记。

1926 年，中国发生了大革命。

从切列宾村走出来，这时已成为基辅雅戈津糖厂共青团支部书记的库里申科，被中国的命运时时牵动着。

这年的夏天和初秋，中国的北伐战争如火如荼。

乌克兰雅戈津糖厂的工人们，非常关心中国的革命和北伐战争。他们注视着中国革命在长江流域的成功，关切着国民革命军向北挺进的胜利。

工厂里，举行了一次又一次有关中国的集会和讲演。

以库里申科为首的工厂共青团支部，更为来自中国的胜利消息欢欣鼓舞。

当广东革命政府的国民革命军占领了长江流域的武汉三镇时，他们奔走相告。虽然，许多青年还没见到过中国地图，根本不知道长江流域在何方，汉口、武昌和汉阳三个陌生的"镇"又在哪里，但这无关紧要，他们那年轻的火热的心，是同那个正在为自身解放而斗争的民族的命运，紧紧贴在一起的。

工厂的团员和青工，要求团支部书记为大家作一次关于中国大革命的讲演。

团支书库里申科对中国的事情，并不是很熟悉，了解的情况也不太多。但他由于在速成中学学习时对地理课的钟爱，便拿来亚洲地图，寻找到中国，然后用铅笔勾画着白雪皑皑的青藏高原，从源头找到了源远流长的长江，寻着了九省通衢的武汉三镇……啊！库里申科惊叹：这些都在世界的另一方。

中国十分遥远！

遥远的中国有"老王"……

"苏维埃——乌拉！"

红军国际营中国籍战士"老王"们面对敌人屠刀时的临终呼喊，仿佛又在他耳畔响起，在空中回荡。

库里申科一下子感到中国又是那么亲近，仿佛就紧挨着自己的心灵。

于是，库里申科站在团员和青工中，十分激动地讲起中国，讲起中国的大革命和北伐战争，讲得生动具体，使听众都受到感染和教育。

中国的北伐战争和国民革命军的节节胜利，实实在在地吓坏了英、日、法、美等帝国主义国家，它们一直想瓜分中国，企图使四万万中国民众，陷入殖民地半殖民地的境地。

帝国主义筹划着一场对中国新的武装干涉。英国军舰开始在长江横冲直闯，想再一次在中国施行炮舰政策。

"不许干涉中国！"

整个苏联发出了怒吼。

在苏联全国各地，纷纷组织起"不许干涉中国协会"。

在乌克兰雅戈津糖厂，共青团支部书记库里申科被选为"不许干涉中国协会"工厂支部的负责人。

1926 年 9 月 5 日，英帝国主义的军舰为了施行炮舰政策，在长江上游，无故炮轰万县（万州）长达三个小时，向县城南北两岸疯狂轰击，发射炮弹三百余发，打死打伤兵民五千余人，轰毁房屋千余间，损失财产两千多万银元，制造了震惊中外的万县"九五"惨案。

当万县"九五"惨案的消息传到乌克兰，库里申科义愤填膺，在工厂"不许干涉中国协会"组织的"抗议英帝暴行，声援中国人民"大会上，作为这个协会的支部负责人，他做了激烈的讲演。

"不许干涉中国！"库里申科像当年国际红军营中国"老王"们高喊"苏维埃——乌拉！"那样在会上大声疾呼，"我们严正抗议英帝国主义在中国的无端暴行！我们和全苏联人民一样，要在道义上、行动上，支持被压迫的中国人民和中华民族为自身的解放而斗争！"

最后，库里申科带头喊出了苏联人民心中的最强音："中国革命万岁！"

苏联乌克兰的雅戈津糖厂与中国长江上游的万县，相隔何止千里万里！当时，库里申科这位黑头发褐眼睛的糖厂共青团支部书记、"不许干涉中国协会"负责人，绝对没有想到自己的命运和归宿，将同万县这座遥远的中国长江边的小城连在一起。

但中国的命运，却紧紧扣住库里申科的心。

1937年7月，中国爆发了反抗日本帝国主义侵略的抗日战争。

已成为苏联空军大队长的格里戈里·阿基莫维奇·库里申科，终于把自己的命运，直接同中国的命运，紧紧地连结在一起。

志愿援华抗日

(1939)

→ 离家国万里远征

★ ★ ★ ★ ★

（36 岁）

1939 年 6 月，苏联空军志愿大队大队长库里申科大尉和政委费加罗夫，带领全队驾驶 12 架重型远程轰炸机"ДБ—3"，离开祖国，来到战火弥漫的友好邻邦中国。

在这以前，五一节时，大尉飞行大队长库里申科曾率领飞行大队，参加首都莫斯科红场的盛大阅兵式。

库里申科飞行大队驾驶着机身绘有红星的新型轰炸机群，在红场上空整齐而神速地飞行，使检阅台上的外国代表和外交官，使红场周围成千上万的苏联各族人民，都向空中的铁鹰和驾驶它们的英雄，发出了由衷的赞叹和欢呼。

当晚，库里申科被邀请参加克里姆林宫

举行的盛大庆祝会。

格里戈里·阿基莫维奇·库里申科穿着胸前佩有政府奖章的大尉军装，步入宴会大厅时，场内上千人，对这位英俊的青年空军大尉都十分注目，因为他是屈指可数的几位空军英雄代表之一。

苏联外长在祝酒词中，盛赞苏联军人为保卫苏维埃社会主义祖国、保卫世界和平所建立的伟大功勋。

同桌的师首长霍祖罗夫，赞扬库里申科在盛大阅兵式上带队进行高超的飞行表演，并将他引荐给空军司令员。

空军司令员举杯，热忱地向库里申科祝贺：

"格里戈里，好样的！今天在阅兵式上，你们飞行队的表演好极了！为苏维埃人争了光！"

"谢谢！谢谢！"库里申科激动万分地说，"感谢祖国的培养！"

他抓住这个难得的机会，问空军司令员：

"司令员同志，有件事不知该问不该问？"

"请讲，什么事？"

"我们大队全体指战员，一致请求参加空军志愿飞行队去援助中国抗日，去战斗在反法西斯的最前线。《请战书》已交很久了，不知什么时候才能得到具体答复？"

"我代表中国人民谢谢你们！"司令员紧握着飞行大队长的手笑着说，"我们司令部已收到很多飞行员递交的这种《请战书》或《申请书》。请你和同志们相信我们，决定会让广大苏联军人的正义要求得到满足。你们的《请战书》，我们决不会将它束之高阁。"

转眼到了6月的第一个星期六。空军司令员在空军司令部紧急召见库里申科飞行大队全体飞行员和大队领航员。司令员庄严地宣布：

"格里戈里·阿基莫维奇·库里申科飞行大队已经上级批准，参加苏联空军志愿飞行队，立即飞往中国，支援中国人民抵抗日本帝国主义侵略的抗日战争。"

随后，在远郊的飞机场上，便进行远程飞行的最后准备。属于苏联空军志愿飞行大队大队长库里申科指挥的12架"ДБ—3"重型轰炸机，随时准备起飞。

库里申科接受飞往中国的神圣任务后，立即赶回家去与妻女告别。

此时，早已夜幕降临。

他的家，就住在机场附近。

妻子塔玛拉知道丈夫要去执行任务，像以往一样，早已为他收拾好了行囊。一切必需的东西都放在里面了，包括那本扉页上写着契卡洛夫的名言和摘录有《钢铁是怎样炼成的》一书中精粹语句的笔记本。

吃晚饭时，库里申科穿上衬衫和夹克。塔玛拉很难得看见丈夫穿便装，今天竖领衬衫和皮夹克，把她的格里沙装扮得更加英俊。

两个人都笑起来。

两岁多的小女儿英娜在自己的小床上睡得十分香甜。母亲想唤醒女儿，父亲立即制止。

"别动，莫打扰她的美梦。"

他走到女儿的小床前，给正在梦中的小英娜掖好被子，又俯下身去，端详着英娜的小翘鼻子和红通通的脸蛋，散乱而又柔软的头发……

与家人告别的时间到了。

墙边小柜上，放着一帧全家福照片。库里申科伸出手去取，打算将它带走。

"啊……"妻子轻轻地叫了一声，露出有点惊慌的眼神。

平时，丈夫执行飞行任务，从来不把妻子和女儿的照片带在身边。这次，为什么要拿全家福照片，难道有什么不好的征兆？

库里申科忙缩回手来。

他俩紧紧拥抱在一起。

"别了，托玛！"他无限深情地说。

"不！格里沙，应该是'再——见——'。"她强忍着眼中的泪水，柔声地回报着丈夫的吻别。

妻子把丈夫送到门外汽车旁，政委费多罗夫已等候在车里了。

月色如水，夜风轻拂。

汽车徐徐向机场驶去。

塔玛拉·阿列克谢耶夫娜久久地伫立在阳台上，等待着，等待着机场的飞机起飞。

第一架飞机"达莎"，趁着月光，升空了。

塔玛拉知道，那就是丈夫格里沙的领航机。

在他后面，一架又一架"达莎"，相继起飞，那是整个重型轰炸机飞行大队。

重型轰炸机群进入航线，向东方飞去。

"达莎"飞向哪里？他们会飞去多久？

塔玛拉站在阳台上，久久地被这些问题困扰着。

根据军事纪律，空军志愿大队飞离苏联，是严加保密的。

库里申科临别时，只能向妻子透露一点儿信息："我将带领飞行大队飞得很远很远，而且离开的时间，不止一两个星期。"余下的话，他只对她做了点暗示。

几年的夫妻生活，使塔玛拉十分理解作飞行大队长的丈夫格里沙。

塔玛拉返回屋来，面对小柜上的全家福照片，久久地凝望着……

照片下面，压着一张纸条。库里申科为妻子和女儿英娜留下了一纸通讯地址：

邮政信箱：苏联·莫斯科·邮政总局。

飞行大队长库里申科给家人留下的邮政信箱是"苏联·莫斯科·邮政总局"，但他本人却带领全飞行大队，驾驶新型远程重轰炸机"达莎"航程近万里，经中国西北兰州，来到了友好邻邦中国西南的历史文化名城成都。

库里申科早与中国结下了不解之缘。今天，终于来到了在雅戈津糖厂作团支书时就向往的国土，接过前两年苏联空军志愿飞行队战友的光荣任务，支援中国人民的抗日战争，为保卫中国领空，贡献自己的最大力量。

苏联派遣空军志愿队援助中国抵抗日本帝国主义作战，早在抗日战争爆发不久就开始了。

1937 年 12 月 21 日，苏联元帅伏罗希洛夫根据苏联共产党总书记斯大林的命令宣布：派遣空军志愿队援华作战。

1938 年春，阿沙诺夫将军率领苏联空军志愿队援华。

首批援华的苏联空军，有一个轻轰炸机大队、一个重轰炸机大队和两个驱逐机大队。

苏联空军志愿队先在中国西北地区的兰州，帮助中国飞行员学习驾驶刚从苏联购买的战斗机（首批一百二十四架，以后增至一千多架），后来又和中国空军飞行员一起，参加对日空战，这才使落后的中国空军重振雄风，重新对日本空军构成威胁，日本空军的疯狂气焰才不得不有所收敛。

原先日本轰炸机的基地，都设在离前线 50 公里以内的地方，自从苏联空军志愿飞行队出现后，日本空军不得不把这些基地转移到了 500 至 600 公里的后方。

1938 年 2 月 23 日，苏联空军志愿队继中国空军首次在日本本土空投"纸弹"（宣传品）之后，又首次轰炸了日军占领的台北松山机场，炸毁日机 18 架。

1938 年 2 月 25 日，日军 36 架轰炸机在 20 架驱逐机掩护下，空袭中国江西省会南昌，中苏空军起飞迎敌，击落日机 8 架。

1938 年 4 月 29 日，中国空军以 20 架战斗机引诱 54 架日机飞临武汉地区上空，苏联空军飞行大队出动 40 架战斗机予以围歼，结果击落日机 21 架，给日本天皇裕仁生日，送去一份"厚礼"。

1938 年 6 月 26 日，日机 37 架袭击武汉地区，苏联空军飞行队的"E—16"型战斗机 10 架、"E—15"型战斗机 18 架和中国空军第四大队的"E—16"型战斗机 5 架共同迎敌。中苏飞行员采用四架围一架的战术，取得击落日机 6 架的胜利。

在 1938 年 6 月至 10 月的武汉保卫战中，中苏两国飞行员互相支援，协同作战，共击落日机 47 架，炸毁日舰 23 艘。

苏联空军志愿飞行队采取轮换制，每六个月轮换一批飞行员。

1939 年 6 月，从苏联飞往中国成都的空军志愿飞行队，是库里申科和考滋洛夫两个飞行大队。

库里申科率领飞行大队飞抵成都，大家都想尽快投入战斗，但是，眼前的困难却不小。

最主要的是他们所在的太平寺机场，跑道太短、太窄，完全不适应"达莎"这种大型而又快速的重轰炸机升降。

苏联空军志愿飞行大队的队员们，都是那种在任何困难面前，从不灰心丧气的人。

他们经过认真地勘察地形，终于找到了克服困难的办法。于是，便向中方提出：挖掉机场中间的土丘，就能扩大机场的面积；用砾石填铺跑道，将跑道延长一公里半，这样一改建，一扩场，太平寺机场就完全适合"达莎"的升降了。

工程是巨大的。国民党当局的官员们，先是直摇脑袋表示异议，但经不住空军志愿飞行大队三番五次的陈述利弊，终于说服了他们，立即动员民众来机场挖山填路。

很快，就从成都和郊县动员了七千多农村的农民、城市的苦力，来参加扩建太平寺机场的劳作。

民工们从清晨干到深夜，冒着烈日酷暑，拼命地劳动。大家都知道，要扩建好机场，延伸长跑道，才能使停在机场各个角落的苏联战斗机飞上蓝天，帮助中国打击日本空中强盗。

库里申科和战友们，参加了扩建机场的工作。

每当他们一出现在飞机附近，民工们便蜂拥上来，有的牢牢拉着飞行员的手，有的紧紧拥抱着飞行员，虽然语言不通，彼此却能从一个手势或一个笑意中，表达出深深的兄弟般情谊。

➡ 严格的飞行教练

★★★★★

（36岁）

成都太平寺机场扩建一完工，志愿飞行大队长库里申科就以一半精力投入志愿飞行大队的训练，一半精力用来办"库里申科学校"，即进行严格、紧张的强化中国飞行员训练的工作。

太平寺机场的简易住房，变成了库里申

科学校的教室。里面坐满了中国飞行员和领航员。

库里申科面对这群英姿勃勃的中国飞行员，他似乎看到了中国空军新的希望，看到了中国抗日战争的胜利前景。因为他来中国后，了解到中国空军的情况——

中国正规空军的建立，始于1931年。

开初，重金聘请了由杰克·爵埃特上校领导的非官方美国顾问团到中国建立空军学校。1932年，爵埃特上校和大约20名美国空军军官，在杭州笕桥开始训练中国飞行员。

同时，国民政府财政部长孔祥熙又到意大利找墨索里尼，寻求对中国空军的支持。于是，意大利的斯坎罗尼将军便率领用庚子赔款支付费用的40名空军和100名工程师、机械师，浩浩荡荡来到中国训练中国空军和建立装配意大利飞机的工厂。意大利人在河南洛阳采用呆板的注入式进行教学，使中国飞行员在以后的空战中，备受其害。而他们在江西南昌飞机装配厂装配出的斐亚特式战斗机和萨伏亚马奇蒂式轰炸机，几乎不能用于实际的空战。

1937年7月抗日战争爆发时，中国空军在航空委员会簿册上登记的飞机共603架，实则只有305架能够用于作战，并且大多是第一次世界大战时英美各国淘汰的老式飞机。

抗日战争爆发后，首先撤走教练和顾问的是意大利，继而美国也命令所有在华空军人员离开中国。

从此，中国空军在羽翼未丰的情况下，开始独立作战。

这时，日本共有各式作战飞机 2200 架，其飞机性能良好。

面对强敌入侵，为抢夺制空权，1937 年 8 月 14 日和 15 日，在淞沪大决战中，中国空军首战日本空军，大获全胜。在抗击日本侵略者的两天空战中，中国空军共击落击伤日机 24 架，击伤击沉敌舰数艘。日军号称"空军武士"的木更津、鹿屋两个海军航空队被消灭殆尽，而素以战略轰炸著名的木更津、鹿屋航空联队队长、海军航空大佐石井义，因首战大大吃了败仗，无地自容而剖腹自杀以谢罪天皇。

这次空战的规模和战绩，均堪称史无前例，令炎黄子孙吐气扬眉。

然而好景不长。抗战开始的头三个月，中国空军出战的 80 架飞机，最终只剩下 12 架。日本空军完全控制了中国领空。

后来，由于苏联空军志愿队 1938 年春飞往中国援华作战，才使中国空军重振雄风。

在库里申科学校里，库里申科总是那样不慌不忙地站在讲台上，有条有理有根有据地讲飞行理论，还通过图纸或在黑板上绘图，来表达自己的思想。

最重要的课程，不是在教室里或黑板上，而是在飞机场和空中进行教授。每当志愿飞行大队的例行训练飞行一结束，大队的每架战斗机就成了教练机。对新型远程重轰炸机"达莎"的技术装备、武器系统、仪器仪表的教学，全是在飞机上进行的。

库里申科还一次又一次地亲自带中国学员放飞。在带学员放飞中，他倾注了全部心血。

起飞前，他对放飞的每个中国飞行员，详细讲解当天的飞行科目，讲"达莎"的特点、性能、操纵方法……讲飞行的一切。然后，他让中国飞行员坐到驾驶舱的座位上，帮他们垫好座，亲眼看着他们手握操纵杆后，他自己才坐进前舱，命令起飞。返航后，他又仔细讲评飞行的成绩、缺点和纠正缺点的方法。

他为了纠正飞行员的落速和进入机场角度的偏差，不厌其烦、一次又一次地带飞，有时甚至连续带飞三四次。

抗战前，中国飞行员从意大利和美国教官那里，未学好飞行技术，却学到了两大毛病：一是不爱护飞机，二是不讲求作战需要，只图在空中玩花样。

库里申科发现这些陋习后，严肃地向飞行员们指出："这不仅是毛病，实际上这是帝国主义和法西斯分子留下的一种非常有害的作风。"他接着说："在飞行中逞能，这是个坏习惯。中国人民需要的不是你在空中玩花样的本事，而是在高空中飞行和与日寇空战的真正本领。"

此后，每当飞行员不按照规定的科目飞行，

独出心裁，摆样子、玩花样，或者降落时漫不经心的时候，库里申科大队长总是阴沉着脸，向中国飞行员指出这种作风的危害和后果。

一次，一个飞行员不认真降落，两点落地时机身跳动骇人。库里申科大队长再也忍耐不住了，他让翻译老刘问这个飞行员：

"是飞机操纵你，还是你操纵飞机？"

飞行员羞愧不语。

库里申科并不就此罢休，他接着说："飞机，是国家的宝贵财产。中国在抗战，你知道吗？从苏联不远万里运飞机到中国来支持抗战，这是多么不容易的事情啊！损坏一架就少一架，损坏一个零件，都要到万里之外去配给补充啊！"

飞行员难过地流下了眼泪。

库里申科态度变得和蔼了，但话语仍饱含激情："你知道吗？我们苏联空军志愿队和欧美国家的教官有很大不同，对他们来说，中国多损失一架飞机，本国的军火商就可以多卖出一架飞机，从中多赚一大笔钱；而苏联则没有军火商，如果你们多损坏一架飞机，那就少了一分打击敌人侵略的力量！"

话虽不多却语重心长。很快，库里申科大队长严格的教学和工作作风，便赢得了中国飞行员由衷的敬佩。

最让中国飞行员佩服的，还有库里申科从实战需要出发进行训练的方法。

从 1939 年 5 月起，日本开始实施战略大轰炸。日本飞机经常夜里到大后方进行空袭。为了挫败敌人的阴谋，库里申科大队长便对中国飞行员进行严格的夜间飞行训练。一个多月艰苦的夜间飞行训练，使库里申科大队长的面容不如刚来中国时那样容光焕发了。

一个躲空袭警报的深夜，天清月朗。在离太平寺机场不远的指挥所里，翻译老刘怜惜地看着面庞消瘦的库里申科，颧骨突出了，脸晒黑了……便劝他结束夜间飞行训练以后，要好好地休息一下。

库里申科眼里闪射出灼热炙人的光辉，他没回答关于休息的话，却激动地对老刘说：

"说实话，我像体验着我的祖国受灾难一样，体验着中国人民正在遭受的灾难。每当我看到成都及附近遭受到日本飞机轰炸的建筑物和因躲避空袭而逃难的人群，心里就十分难过。日本鬼子为什么要轰炸那些手无寸铁的老人、小孩和妇女呢？"

是呀！这是为什么？这不就是侵略嘛！

库里申科抑制着自己的激动，把声音放缓和了些，指着夜光手表对老刘说：

"眼看过午夜2点了，敌机还在成都上空盘

旋。老百姓躲在野地里不能回家安眠。白天因空袭他们不能正常生产，夜间因空袭又不能正常休息，这给中国人民在物质上和精神上都造成多么巨大的损失啊！日本强盗对中国人民造下的损失和罪恶，一定要他们付出代价，一一偿还！"

库里申科的话语，浸透了他对中国人民的无限热爱，对日本侵略者的无比憎恨。

老刘被库里申科的话语感动得泪潮涌动；他用被泪水模糊了的双眼，看着身旁这一身正气的国际友人。

只见库里申科大队长，正用愤怒的目光，射向那漆黑的敌机轰鸣的夜空……

→ 天涯万里诉衷肠

（36 岁）

一到中国成都，库里申科便就着桌上摇曳的灯光，匆匆给妻子和女儿写信报平安：

亲爱的塔玛拉和心爱的女儿英娜：

你们好！此刻对我来讲，是最空闲的时候。我坐在桌旁给你们写信。我的情绪很好。

在没有你的陪伴下，我看了三遍《伏尔加啊，伏尔加》和四遍《套中人》，对这些电影，我可以倒背如流了。

生活过得不错，健康状况良好。

我很想知道你和女儿生活的一切情况，哪怕是一点一滴。托玛，趁夏天还有货，请给小英娜买件大衣和一双毡靴，并以我的名义，作为礼物送给她。冬天一到，这些东西就不好买了。

我的弟兄们是否有信来？

邻居们生活得好吗？替我向格里高里耶夫一家问好，向基钦一家转达我的问候。

常来信。祝一切都好。

吻你！格里沙

回信地址照旧：莫斯科·邮政总局

库里申科来成都不久，得知他们空军部队的英雄师长霍祖罗夫在苏蒙边境，为了反击日寇对苏联的挑衅于飞行中遇难，他十分悲痛。他想起莫斯科五一节夜晚克里姆林宫的庆祝宴会上，是霍祖罗夫亲自把他引荐给空军司令员，并热情地支持他们想到中国的愿望，而当他和其他空军志愿飞行大队队员离开祖国时，又是这位英雄师长前来送行，祝他们一路平安，鹏程万里！因此他止不住自己的悲痛，便提笔给妻子写信：

亲爱的塔玛拉：

你好！

今天，阳光明媚，天气好极了。

我美美地睡了一觉，自我感觉良好。

我比在家里更健康，正在发胖。

托玛，你难以想象霍祖罗夫的死，使我感到多么可惜。他是个非常非常优秀的人，极好极好的导师！他死得太早了。我们将继承他的遗志，更好地工作。

托玛，我生活得很好，你别为我耽心。你怎么样，身体好吗？女儿呢，大衣买了没有？

你想外出走走吗？那就给弟兄们写信吧，你去安德烈或伊万家做客，他们都会热忱欢迎你。

托玛，请转达我对邻居们的问候。

今天，我登记买了第三个五年计划的建设公债，金额是一个月的工资。

同志们都健康地活着，情绪都很好。

信写勤点儿。按原地址不变。

最最热烈地吻你　格里沙

不久，库里申科又给妻子写了另一封信：

塔玛拉和女儿英娜：

你们好！

今天，我又高兴地用书信和家里人谈话。

忙完了一天的工作，睡觉之前，我才拿起笔来。要是在家里，此时此刻，应该给心爱的女儿说"晚安"了。

托玛，我日夜盼望着你的来信。看来，你并没有按我们约定的那样去做。你千万不要等收到我的信后再写信给我。信，写勤一点儿。哪怕你每天写一封，我就会感到万分高兴了。

萨沙·罗曼罗夫为自己买了副漂亮的眼镜戴着，

走起路来像个社会名流。他高兴地逢人便说，这是由于收到了妻子的来信。

很遗憾出发时没有带上你和英娜的照片，我多么想深情地看看你们，热烈地吻吻你们。

不久前是空军节，盼来信告诉我，你在哪里参加的庆祝活动？看到些什么有趣的事？

我身体很好，情绪不错。

替我向所有的邻居和朋友们问好，特别是基钦、吉洪诺夫。

来信告诉我你的一切情况。

我什么都想知道。

暂且搁笔。

吻你 格里沙

又及：

托玛，告诉心爱的英娜，让她给我写点儿什么。

从祖国来的邮政班机又快到了。

晚上，库里申科又坐在桌旁写家信，虽然他还未收到上一封写给托玛的信的复信。

托玛：

日安！

我已经写信告诉你，我曾收到过你的两封信。现在，又有半个月没收到你的信了。

不知是你没回信，还是邮局出了问题。

英娜也把爸爸给忘了。托玛，你告诉她，她不写信来，爸爸会生气的。

托玛，来信谈谈你们的生活，要详细一些。

我过得很好。虽然冬天快到了，但我丝毫用不着为过冬的一切操心。

告诉我，你和小女儿都穿得暖和吗？伙食开得怎么样？过冬的一切都准备好了吗？

来信谈谈你们那儿有什么新闻？你的同事们过得怎么样？他们最关心什么？向邻居和同志们转达我的问候。

今天，暂时就写到这里。

敬礼！

　　　　　吻你　格里沙

又及：

我曾在上次的信中请你带英娜去照张相，并把照片寄给我，切记，切记。

又一次邮政班机来了。

库里申科一下子收到妻子塔玛拉寄来的两封信，这使他高兴万分。但直忙到深夜，他才有时间坐下来，从练习本上撕下两页纸，削尖铅笔，给妻子写回信。

他写得十分匆忙。要说的事情很多，而邮政班机已在准备返航回苏联了。

我亲爱的托玛和小女儿英娜：

你们好！

今天，我特别高兴，因为我一下子收到你们的两封信。

英娜想学成年人的样子，我很高兴。尽管现在这样做不会有什么结果，但瓜熟蒂落，水到渠成，将来一切都会如愿以偿的。

你说，英娜她很想上幼儿园，那就让她去吧！上了幼儿园，她将成长得更快一些。不过你也别忘了自己的教育责任。请你把空余时间，都放在教育小女儿身上吧！

托玛，你问到有关旅游的事，我建议你去我兄弟伊万那儿。乌克兰比伏尔加流域要暖和一些。这事还是由你自己决定，你自己斟酌去哪儿更好就去那儿吧！

暂时写到这里。

信写得更勤一点儿，我将会高兴万分。

祝你万事如意！

非常非常热烈地吻你

格里沙

"烽火连三月，家书抵万金。"邮政班机往返于中苏两国之间，带来或捎走互报平安的家信，久久地温暖着相距万里、天各一方的亲人的心灵。

中国龙与绸老虎

★★★★☆

（36岁）

休息日，库里申科穿着便服，漫步在成都街头，打算给心爱的女儿小英娜买点儿有中国特色的玩具。

在玩具摊上，他看中一条小草龙。

中国，是"龙"的国家。玩具草龙，做得小巧玲珑，草龙张牙舞爪，昂首望天，龙身可以自由摆动。五光十色的龙头和龙尾下面，都有一根小棍支撑着，不管大人小孩，只要双手分别拿着龙头和龙尾的小棍，就可以将草龙舞动起来，既有趣又好玩儿。

库里申科想到：英娜从未听说过"龙"这个中国怪物，她一定会特别喜欢的。

库里申科为女儿买下草龙后，走不多远，小货郎担上，一个精致的绸老虎又吸引了他。

绸老虎是用成都特产蜀锦制作的。

虎身黑黄相间的斑纹错落有致，玻璃小球镶嵌的眼睛闪闪发亮，嘴里的虎牙又白又尖，血盆大口里还有条红红的舌头，长长的尾巴更会上下翘动，绸老虎真是栩栩如生。

库里申科取下绸老虎，在手中把玩了很久。

他惊叹普通中国人的心灵手巧，决心买下这个蜀锦制作的玩具老虎，回国时作为礼物送给女儿，小英娜更会爱不释手。

货郎笑逐颜开："加伦，加伦同志，送给你！"

"加伦"是成都老百姓对苏联友人的爱称。接着，货郎还补充一句既亲切又生硬的俄语："罗斯——好罗少！"（"俄国——好！"）

库里申科执意不收。

双方争执了很久，最后，他给了货郎多两三倍的价钱。

由于双方善意的争执、推让，竟惹来一大群人围着他们看热闹。

库里申科望着人群中的中国小女孩，不禁想起自家的小英娜：新学年已开始了，说不定我那羊角辫翘鼻子的小宝贝，已进幼儿园了……

斩断侵略魔爪

(1939)

→ 摧毁日寇机场

★★★★☆

（36 岁）

在成都，苏联空军志愿飞行大队大队长库里申科和队员们，都感到他们的飞行对支持中国的抗日战争有极大的分量。大家都认为：飞行大队和它所在的军用机场，就是人类进步力量反对野蛮法西斯帝国主义所进行的决战的进攻基地之一，因此，每个飞行员都渴望尽快投入战斗。

打击日本空中强盗的战斗时日，终于来到了。

1939 年 8 月，库里申科大队结束了对中国飞行员进行强化训练后，立即担负起轰炸日寇占领区的任务。

9 月 29 日，库里申科志愿飞行大队奉命从成都太平寺机场起航飞华南,由大队长库里申科指挥,轰炸广州日寇占领的机场,炸毁日机数十架,敌人仓库的汽油被炸着火,在一片火海中,机场的种种设施,焚烧殆尽。

初战告捷!

大队空袭广州所取得的巨大胜利,使战友们感到分外高兴。

三天后,即10月3日,新的空袭任务又在召唤,飞行大队要远征华中,袭击日本占领的汉口机场,战友们一个个更是激动不已。

库里申科站在临时住房里的简易木桌边作战前动员。

这位36岁苏联乌克兰出生的青年军官,既魁梧又英俊,身上的白衬衫是那样合体、干净,一头卷曲的黑发刚洗理过,栗色的眼珠闪射着坚毅的光芒。

他指着木板墙上一幅宣传画,开始了发言:

"同志们,请看这幅画……"

画面,是一幅中国地图的轮廓。

一只长有利爪的手臂,正向地图伸来。

手臂上,套着日本国的太阳旗,并写有"日本强盗"字样。

在利爪的阴影下,中国的东北、华北地区一片血污。那利爪五指尖尖,红色的血,直往下滴,它正伸向华南的广州,伸向华中的武汉,准备攫夺整个中国……

因为战时实行灯火管制,房内灯光有些昏暗,这更增添了画面的阴森和冷气……

宣传画下面，有四个醒目汉字："斩断魔爪！"

宣传画，让每个看它一眼的人，都会触目惊心。

房屋内苏联空军志愿大队的军人们，即使不识一个汉字，看不懂画面下的标题，对日本侵略者的行径，也会义愤填膺。

"同志们！"库里申科正式作战斗动员，"一年以前，即去年的 5 月 10 日，在中国抗日战场的武汉保卫战中，我国的第一支苏联空军志愿队，被中国人民称为'正义之师'的弟兄们，曾和中国战友一起，英勇地保卫了武汉、重庆、成都及其他中国城市的天空。当时，我们苏联歼击机大队，在武汉还设有基地。战鹰出击，摧毁了日本鬼子的许多阵地、炮队、后勤辎重和军事列车。我们和中国飞行员协同作战，互相支援，共击落日机 47 架，炸毁日本军舰 23 艘。在保卫武汉的战斗中，苏联空军志愿队飞行员，表现出了视死如归的大无畏精神。直到今天，在医院里，还躺着因在战斗中负伤而生命垂危的飞行员。他们，是苏维埃的英雄！他们，是优秀的国际主义战士！他们，更是我们的好榜样！因为他们为保卫大武汉建立了功勋！"

库里申科有力的话语，鼓起战友们高昂的战斗激情。他随后介绍了汉口机场的有关情况。

今天，一年后的今天，武汉已成为中国抗日战场的敌后。其中的汉口机场，也已成了日本侵略者的主要空军基地。

日本飞贼，从汉口机场起飞，去对中国大后方的城市、港口、军营……进行狂轰滥炸。

他们想以此摧毁中国人民的抗日斗志，妄图迫使中国投降。

日本鬼子吹嘘说，汉口，已变成他们的"空中堡垒"。

敌人已不再使用那些武汉以外的大大小小的机场。

原因很简单：他们从中国汉奸搜集来的情报中，准确无误地了解到，中国空军无能为力来对付他们，因为中国只有短程飞机。要能够从中国的抗日大后方飞抵武汉进行空袭的远程轰炸机，中国根本没有。

所以，日本军事大本营的将军们认为：帝国在汉口的空军基地，是绝对安全的。

库里申科打开飞行图，继续讲解。

"中国抗日战场敌后游击队送来的情报说，汉口机场停有近三百架日本歼击机和轰炸机，还有数百吨燃料、炸弹和装备，其中有些还是美国佬卖给日本鬼子的。"

他用手中的红色铅笔把汉口的日军空军基地圈了起来。

"中国革命力量指挥部，已经把摧毁日军汉口空军基地的任务，指定我们去完成。"

库里申科在被圈的空军基地上，打上个红"×"，接着说：

"大家来研究一下，明天我们怎样飞？"

库里申科的红铅笔，就像一把红色利剑，从中国西南的成都，直刺被日本侵略者占领的中国心脏汉口。

库里申科重复着墙上宣传画上的誓言：

"斩断魔爪！"

夜，渐渐深了。天空，暗蓝暗蓝。星星，正眨着那不眠的眼睛。

库里申科和大队的同志们，平时住在成都市内的国民政府军委会服务团招待所。一遇到要出击，头天晚上，大家就在机场边的临时住房里过夜。暑气未消，又矮小又拥挤的临时住房，不容易安眠，库里申科拿块帆布，从房里走出来，铺在飞机的机翼下，躺在上面打瞌睡……

突然，一个声音闯入他的梦中：

"库里申科！切尔尼亚耶夫机组的领航员病了！"

库里申科一下睁开眼睛，借着星光，看见坐在他身边的大队政委。

"机组领航员病得很重。"政委费多罗夫重复刚才的话，语意中含着几分焦急。

库里申科的睡意全消，他立即坐起来。

一个念头在脑海中一闪：

"政委！那我们用八机编队？"

先前，在临时住房讨论作战方案时，已作出决定：空袭汉口，由九架飞机执行。

现在，只好改变主意了。

库里申科征询政委的意见：

"如果用八机编队，那就得完全改变我们刚才研究的空战队形。"

"不！"

看来，政委不同意八机编队。

政委坚决地说："我同切尔尼亚耶夫一块儿飞。"

那就是说，政委要去代替切尔尼亚机组的领航员。

志愿飞行大队政委费多罗夫，是空中的多面手。

他既是优秀的政治思想工作者，又是能驾驶轰炸机执行任务的优秀飞行员。

库里申科，作为飞行大队的大队长，十分尊敬与自己并肩挑重担的大队政委费多罗夫。两人在工作上，合作得十分出色；在生活上，又总是互相关心和照顾。

政委费多罗夫提出要去顶替一个机组的领航员，大队长库里申科不十分赞成。

"这事，那得问问大队领航员杰格佳连科……再说，你整夜没睡……"

政委嘿嘿一笑，亲切地说：

"嗨，你看你……喏，你不是也没睡上两个小时嘛！库里申科，放心吧，我会尽量处理好一切的。"费多罗夫从地上站起来，急于要走，"我这就去找大队领航员，接受指示！"

很快，政委那高大的身影，就消失在暗夜里。

库里申科轰炸机大队，整个晚上都在准备远航。

必须谨慎再谨慎，小心又小心。

时刻提防着日本鬼子再来空袭，以免功亏一篑。

就在头天晚上，成都曾遭到空袭，飞来 72 架日军轰炸机，它们向郊区胡乱扔了一气炸弹。

日本鬼子没发现位于成都北郊的机场。

机场，伪装得很好。从空中看，这机场就像一片不毛之地。

实际上，这里正热火朝天地准备着明天的远航。

拂晓。风，轻拂着，透着一丝丝沁人心脾的凉意。

天刚蒙蒙亮，库里申科一双锐利的眼睛，就在机场上看见了飞行员们那十分熟悉的身影。

他刚从机翼下走出来，一下子又看见指挥机的下面，钻出了这架飞机的射击手兼无线电员伊万·安东诺夫。

"您早，格里戈里·阿基莫维奇！"

不等库里申科回答他的问候，安东诺夫就爬上飞机，检查机舱和武器装备去了。

库里申科从口袋里掏出怀表看了看，时针指着4点。

"离起飞还有一个半小时哩！"他自言自语地说。

大队长库里申科，在队里是以严格出名的。加上脾气火爆，如果哪个部下在执行任务时，违犯了制度，他绝对不顾情面，一定要大发脾气的。

可是，今天为了"斩断魔爪"去远航，为了援助中国人民打击侵略者，同志们的心情是完全可以理解的。如果要批评部下违犯了制度，起得过早未遵守时间，似乎又太不应该了。

库里申科只好朝自己的指挥机笑一笑，轻轻地摇摇头。

大老远，一阵爽朗的笑声，传进库里申科的耳里。

一听到这笑声，库里申科就知道，这是大队领航员杰格佳连科碰上了顶顺心的事。

他朝发出笑声的方向望去。

政委费多罗夫和大队领航员，正并肩向他走来。

库里申科也被领航员的笑声所感染，严肃的脸上，绽开了笑容。

他这时心里想着："不用问，领航员肯定满意政委这一顶替。"

出征的最后准备工作即将结束。

燃油灌足了！

炸弹舱装满了！

只见大队机械工程师尼古拉·阿列克谢耶夫围着即将出征的飞机，转了一圈又一圈。

阿列克谢耶夫是个非常认真的人，他对每架飞机的炸弹箱，一个一个进行最后的检查。

在平时的飞行训练中，大队长库里申科总是要求最大限度地减少飞机上的载重，不准有哪怕是一斤一两多余的重量。

飞行员们都知道，这是为了在执行战斗任务中，真正做到"轻装前进"。

但是，重型轰炸机又必须带足甚至多带炸弹，以便胜利地完成任务。

为此，阿列克谢耶夫曾同手下的机械师制作了专门的弹箱，以便除了爆破弹外，再给战鹰装上一些燃烧弹。

这时，阿列克谢耶夫必须要在飞机出征前，仔仔细细地检查一下这些箱子挂在弹舱内的情况。

天渐渐亮了。

晨星，在高空上闪烁着，与即将出征远航的苏联志愿飞行大队的"达莎"战鹰依依惜别。

九架出征战鹰的飞行员们，头戴飞行帽，身穿暖和的飞行服，在机场上列队而立。

政委费多罗夫以作领航员这普通一兵的姿式，在队列中站得规规矩矩。

同志们在等待大队长出征前的最后指示。

库里申科用坚毅的目光，扫视了一下整齐的队伍，心里滚过一阵热浪：战友们全是好样的!

于是，他用坚定的语气发出命令：

"登机! "

飞行员各就各位。

九架飞机，分成三个中队。

各中队已滑行到了起飞线上。

信号弹在空中画出一道红线。

库里申科驾驶的指挥机，腾空而起，最先离开地面。

在指挥机的后面，全大队的飞机，一架接一架迅速离开地面，冲向那已呈深蓝色的天空。

机群在空中盘旋。

"准备就绪，所有飞机都已起飞。"指挥机上，射击手兼无线电员安东诺夫向大队长报告。

库里申科驾驶指挥机，极熟练地转了一个弯。

各中队排成了战斗队形。

大队长库里申科再一次下达命令：

"前进！飞向汉口！"

汉口，日军铁蹄下的中国心脏。

这九省通衢昔日的繁荣，被日本鬼子脚下发出的"橐！橐！橐！……"大皮靴声，一脚一脚地踏碎了……

往日，热热闹闹的街道，如今，变得冷冷清清。

人们大都低头皱眉，行色匆匆。

去年，在保卫大武汉的战斗中，街头巷尾或车站码头，到处都曾书写着大字标语：

"打倒日本帝国主义！"

"寸土不让，誓与武汉共存亡！"

"中华民族万岁！"

"最后胜利属于我们！"

……

这些激励每个有良心的中国人的大幅标语早已被涂掉，代替它们的是什么"为建立大东亚共荣圈作贡献！""万众齐努力，支持打圣战！"……

汉口机场，一大早就显得特别忙碌。昨天，即公元 1939 年 10 月 2 日，驻华日军总司令西尾寿造，在日本空军司令陪同下到了汉口，并驱车视察了空军基地。

机场，有三百来架各种飞机，供歼击、轰炸等种种空中军事行动驱使，军用仓库中，燃油、弹药、武器，都十分充足。

西尾寿造那原本板着的面孔，露出一丝得意的笑容。

他似乎是随便地问身旁空军司令：

"这些，足够对付蒋介石的陪都重庆吧？"

司令连忙毕恭毕敬地回答：

"是的，将军！"

西尾寿造视察空军基地，感到十分满意。

西尾寿造心血来潮，临时定下来在机场住一夜，并决定第二天一早，召集汉口和武昌及附近其他机场的军官和飞行技术人员，开一个大会。

会场设在哪里比较安全？

为此，空军司令颇为踌躇。他曾用试探的口气，征询西尾寿造的意见。

骄横的西尾寿造根本不把中国的空中对手放在眼里，冷笑一声，不无鄙夷地说：

"依我看，会场不管设在哪里都安全。中国人，没有那样的'空中霸王'，会从千里万里之外的西南或西北，飞来破坏我们这次难得的盛会！嘿嘿，说句笑话，你这位司令就是下请帖请他们来，他们也赶不到的！"

空军司令满脸堆笑，弯腰作答：

"嗨！哈依！"

于是，空军司令作了个大胆的决定：欢迎西尾寿造的大会，就在基地司令部旁边的一个操场上召开。

参加大会的人，粗略统计，要上千人。附近也没有这么大的室内会场啊！

欢迎大会的时间是 10 月 3 日早上。早上，凉快，也较安全。中国三大火炉之一的武汉，10 月初，白天还是燥热难当。从安全考虑，万一中国的飞机要从大后方飞来汉口空袭，也决不会有那么早的。

10 月 3 日。清晨，太阳还未出山，参加欢迎驻华日军总司令西尾寿造将军大会的空军官兵、机场技术人员，便陆陆续续赶到操场。

太阳刚露头，欢迎大会就开始了。

在会上，西尾寿造先表彰了大日本皇军占领武汉后，空军所建立的功绩。

接着，他向部下讲述战争形势："一年前，我们占领了中国九省通衢的大武汉。就像一把利刃，刺进支那的心脏。从地理上看，我们占领了武汉，就切断了支那国共两党统治地区的联系，更重要的是把汉口以下的长江流域，归入我们的统治圈内。接着，我们又占领了中国的南大门广州，粤汉路全部在我们手里了，这就可以谋求经济独立，控制湖南、湖北的粮仓地带，加强军事调配，在华中、华南战场上，取得预期的胜利。"

热烈的掌声，高昂的欢呼，一次次淹没了西尾寿造的报告。

西尾寿造并没有忘记这是在战时，本应制止部下在户外特别是在机场边的热情奔放。但他转念一想，自从一年前占领中国武汉后，战线向西推进再推进，已推进到了千里之外嘛！帝国的飞机，不是早已在离战线不超过50公里的地方，起飞进行空袭嘛！在空中战场，中国人，既无招架之功更无还手之力，那是大日本帝国为所欲为的天下！

西尾寿造接着吹嘘了一通完全占领中国并统治这地大物博、富饶美好土地的前景。

部下们奔放的热情，似乎感染了将军，使他越说越高兴，越高兴就越忘乎所以。

"大本营命令我们，把战线再向支那西部推进，打过长江三峡，打到支那政府的陪都重庆，再成都……一直打到那神秘的西藏。要叫支那政府乖乖地投降！汉口，是大日本帝国向西进军的空中堡垒；是打通长江直到它发源地的长江要塞，英勇的皇国武士们！勇士们！这就要看你们怎么样发扬大和魂了！"

场内，又响起一阵接一阵的欢呼。

欢呼的声浪，直冲云霄……

"前进！飞向汉口！"

库里申科发出简短的出击命令后，用他那双有力而又自信的手，平静地握着操纵杆。

"达莎"能敏感地反应库里申科和战友们想做的每一个动作。

它，能毫不费力地昂头直上；它，能灵活而又迅速地勇往直前……

太阳还没出来，田野里笼罩着淡淡的朝雾。

机群按照编队，彼此之间保持着互相看得见的距离，向着指定的航向，往东飞去。

带领机群的大队长库里申科深深地感到，自己似乎已同指挥机、同全大队的机群完全融为一体。

"达莎"以每分钟4公里半的速度，在空中驰骋。飞机下面，掠过的是稻田、村舍、道路。

飞机在爬高。

3000米、4000米、5000米……

指挥机下达新的命令：

"戴上面罩！"

机群的飞行高度：7000 米。

现在，地面上，只剩下森林和高山映入飞行员的眼帘。

太阳出山了，她用万丈光芒，迎接一个战斗日子的到来。

大队领航员杰格佳连科，正忙于计算前面的航程。

再过 10 分钟，就能看见在阳光下闪闪发光的长江了。

"达莎"向东！向东！

库里申科和战友们，终于看到中国的——长江了。

库里申科来中国后，从翻译老刘介绍给他读的书刊中了解到：雄伟壮丽的长江，千万年来，在中国原野上奔腾，哺育着亿万勤劳勇敢的炎黄子孙。它出雪山，汇万水，汹涌澎湃，冲出三峡，挣脱了崇山峻岭的束缚，气势更雄伟，要直奔大海……

可是，日本侵略者想在武汉三镇扼住它，掐断它，不让它勇往直前……

这真是痴心妄想！

看着长江，库里申科似乎平添了一股劲儿。

他在心里诉说："潮流，那是任何开历史倒车的人，挡也挡不住的。看吧！长江，正日日夜夜，奔腾向前！"

轰炸机群在库里申科的指挥下，神不知鬼不觉地向日军占领区的纵深地带穿插。无线电员安东诺夫手按电键："哒！哒哒！"

他发出非常短促的信号，向机场塔台做了例行汇报。

电键信号短促，是为了不让敌人测出正在航行机群的位置。

电键信号虽然短促，但却使库里申科大队同地面同自己人，保持着密切的联系。

在成都，整个机场里，无论是留下来的工程师阿列克谢耶夫及机械师，或是地面指挥官，都在焦急等待，急切捕捉，等待和捕捉飞行大队从空中发出的点点滴滴的信号。

突然，库里申科大队飞到了汉口机场的上空。

日军一阵阵直冲霄汉的欢呼声，从汉口机场发出。

库里申科平时不苟言笑，听到机场的欢呼后，他竟在心里笑出了声。

"欢呼吧！尽情地欢呼吧！你们这群魔鬼，欢呼你们的末日来临吧！"

库里申科和领航员迅速确定了方位和大队的袭击目标：轰炸日机停机坪、燃料库、弹药库……

当指挥机炸弹舱的门打开时，整个轰炸机群，全都做好了准备。

大队长库里申科再次发出命令：

"为了斩断魔爪，放！"

"达莎"机群对汉口日军机场的轰炸是齐投，所有的飞机同时投弹，只听"轰"！"轰——轰"！"轰——轰——轰"！

武汉上空，映出一大片浓烟和火光……

老天爷似乎是故意捉弄人。正当日军驻华总司令西尾寿造在汉口机场对部下作的长篇演讲快要结束时，在上千日军的尽情欢呼声中，天空，突然出现了重型轰炸机群。

炸弹、燃烧弹，像密集的雨点……

砸向西尾和他顺从的听众；

砸向停机坪上排列整齐的飞机；

砸向跑道；

砸向油库……

砸向整个机场。

"达莎"要用利剑，为中国人民斩断日本侵略者的魔爪！

库里申科轰炸机大队完成了投弹任务，闪电般地高速脱离了战区。

武汉上空，映出更大的浓烟和火光……

汉口，这个日本空军最重要的机场，日本驻华总司令夸赞的"空中堡垒"、"长江要塞"，弥漫着腾腾烟尘，燃起了熊熊大火。

滚滚浓烟，使天地一片昏暗。

浓烟滚滚，吞没了整个机场。

停机坪上，飞机、汽车，陷入一片火海。

汽油库，炸弹仓库，处处火光冲天。

伴随着冲天大火，响起了震耳欲聋的爆炸声……

爆炸！爆炸！大爆炸！

越来越密集的爆炸，震撼着机场，震撼着房屋，震撼着人群，震撼着机场周围的一切。

事后，日本军方向东京大本营的报告称："10月3日，中国飞机轰炸武汉，炸毁日机六十余架，许多座燃料库和弹药库变成了废墟，炸死日军飞行员、技术人员和士兵一百三十余人，炸伤三百余人。汽油库的大火燃了三个多小时。"

损失非常惨重！

西尾寿造呢？

当重型轰炸机一飞临机场上空，他的一名随从副官，立即将他扑倒，并以自己的身躯压着西尾肥胖的身体……

空袭过后，耿耿忠心的副官做了西尾将军的替死鬼，西尾寿造也负了伤。

对武汉的空袭，来得如此突然，如此准确和有力，竟使日军的高射炮来不及开火，残存的歼击机也无法起飞，因为跑道就像被炸弹犁过一般，到处布满弹坑。

库里申科带领轰炸机大队，正在胜利返航。

指挥机上的射击手安东诺夫，手不离机枪，用那双灰色的眼睛，警惕地巡视着万里无云的晴朗天空。

其他八架飞机上，每个人都做好了迎击随时可能出现的日本歼击机的准备。

汉口，已被甩在后面很远很远了。

空中，还没有发现日本强盗的歼击机。飞行员们时刻保持的紧张情绪，逐渐被空袭胜利所带来的高兴代替。

不能放松警惕！库里申科重复一遍脱离空袭战区时的命令：

"严密注意空中！"

库里申科心想：即使汉口被炸成一片废墟或焦土，日本鬼子清醒过来后，也会下令让歼击机从其他机场飞上天空追击，应该做好迎敌的准备。

有着充分空战经验的大队长的预测，很快得

到了证实。

对讲机中传出安东诺夫的声音：

"报告队长！塔台收到游击队电台的通报，日本歼击机已从两个机场起飞。"

"各机注意，保持警惕！"

大队长再次发出命令。同时，率领大队机群，直上蓝天，朝更高的空中飞去。

5000米、6000米、7000米……机群已达升高极限。

飞到这样的高度，地面没有雷达，那是很难发现飞机的。

摆脱日机追击的库里申科，率领飞行大队，继续返航。

大家戴着面罩，已经飞了一个小时又一个小时。

大概，空军志愿队的其他飞行员，没有哪一个经历过如此复杂和困难的飞行。

轰炸机群，仍在返航途中。

"250公里！"

领航员杰格佳连科向大队长报告回到机场的最后航程。

这无疑又是一次胜利的呼叫。空袭取得巨大胜利，即将平安返回基地。

库里申科仔细听发动机的轰鸣：声响平稳、悦耳……

他受到那悦耳轰鸣声的感染，也轻轻地唱起歌来。

歌声传到了领航员耳中：

正当梨花开遍了天涯，

河上飘着柔漫的轻纱；

卡秋莎站在峻峭的岸上，

歌声好像明媚的春光。

姑娘唱着美妙的歌曲，

她在歌唱天空的战鹰；

她在歌唱心爱的人儿；

她还藏着爱人的书信……

领航员杰格佳连科从自己的座位上瞟了大队长一眼，会心地笑了。笑他对胜利所发出的由衷的喜悦，更笑他的聪明，将《卡秋莎》原歌词中的"她在歌唱草原的雄鹰"，巧妙地改成"她在歌唱天空的战鹰"。此情此景，触景生情，这一句改得多好啊！

库里申科也真是触景生情。他还在歌唱那个名叫"卡秋莎"的姑娘，而且，他眼前突然出现昨夜未做完的梦：妻子塔玛拉一手拿着鲜花，一手牵着两岁多的翘鼻子扎小辫的女儿英娜，飞快地向他跑来……

库里申科把操纵杆握得更紧。

轰炸机群在天空继续奔驰。再过几分钟，就应该看见成都机场了。

同志们，中国的和苏联的同志们，一定早就等候在机场上了。他们一定焦急万分，不停地看表，不停地昂首翘望东方的天空，盼望着英雄们能够安全驾驶"达莎"战鹰，胜利归来。

终于，库里申科率领的机群，出现在成都机场的天空。

一架、两架……九架。

"达莎"和她的主人们，平平安安地在机场降落了。

等候在机场的中苏飞行人员和地面人员蜂拥上前，将从天而降的人们团团围住。

大家像久别重逢一样，分别拉着大队长库里申科、政委费多罗维奇、领航员杰格佳连科、无线电员兼射击手安东诺夫……

人们拉着凯旋归来的战友，不仅仔仔细细端详每个人的面孔、四肢和身体的每个部位，还拍打着他们的飞行服，像是要拂去那上面征战的硝烟。

当大家准确无误地见到站在自己面前的库里申科和全大队出征的战友，一个个都完好无损，甚至连一根毫毛也未少掉，确确实实是胜利归来了！这时，直等到这时，出征的和等候的，一下子相互紧紧地拥抱着，久久地拥抱着……

机场上，意外地沉静下来……

彼此眼里都噙着热泪……

突然，等候者又急切地询问出征者：战况如何进行？战绩是否辉煌?

大队长库里申科抖擞精神,简略地介绍了征战的情况和战绩。

突袭汉口的巨大胜利,鼓舞着所有的人们。

"乌拉!"

"乌拉!"

顿时,由衷的欢呼,在机场上空久久地回荡,回荡……

库里申科率领轰炸机大队于10月3日胜利空袭汉口后,世界上许多国家的通讯社、报刊、电台,对这件事都作了较详尽的报道。

在1939年10月初,对中国抗日烽火中空军空袭汉口取得重大战绩的报道,成了轰动一时的新闻。

美国"合众国际社"较为详尽:

一队轰炸机从中国西部某机场起飞,直捣汉口……消灭和重创日军飞机84架……炸死日军飞行员和技术人员130人、伤300人……汽油库的熊熊大火,燃了三个多小时……

英国"路透社"、法国"法新社"等世界最大的通讯社，不断传来空袭汉口新的细节：

汉口日军'空中堡垒'遭到沉重打击，日军精锐的飞行大队如"空中武士"、"空中四王牌"、"空中海盗"、"佐士保"等等，皆在空袭中毁于一旦……

一位西方记者提请广大读者注意：

空袭汉口的中国空军驾驶员，均勇敢无畏。他们在战斗风格上，有自己的独特之处，接近目标突然，行动迅速，配合默契，打击目标凶猛准确。

还有位颇负盛名的西方记者，在评述这次中国空军空袭汉口重创日军这一巨大胜利时，竟作了这样的分析：

中国远程轰炸机能这样勇猛准确地空袭汉口日空军，并取得这样巨大的胜利，这大概是美国或英国飞行教官们所教学生的"考试答卷"。说不定还是那些教官们本人的杰作……

这真是叫人忍俊不禁。想不到这次苏联空军志愿飞行大队空袭胜利的功劳，却记在美英空军教官的账上。没有任何通讯社或电台提到苏联。

对于苏联空军志愿大队援华，这些欧美新闻单位不是都丧失了"新闻敏感"，而是他们对此毫不知情。

然而知情的苏联国家通讯社"塔斯社"，却没有对此事单独播发新闻，只是转播了欧美外国通讯社有关日军汉口机场遭到空袭的报道。

报道很简短，而且是夹杂在其他消息之中播发的。

成都机场苏联空军志愿大队的值班报务员，是在空袭取得胜利后的一天夜间，收听到了"塔斯社"转发的报道。

第二天清早，报务员十分激动地将俄文电稿放在飞行大队长库里申科的桌上。

库里申科一走进办公的地方，便被桌上这则消息所吸引：

远程轰炸机突然袭击汉口日军空军基地……所有轰炸机都安全返回自己的基地。

库里申科十分激动地把这则消息，反反复复看了一遍又一遍。

就像一个艺术家，在欣赏自己呕心沥血创造的杰作……

消息中，一句也未提到苏联空军志愿大队的丰功伟绩。

库里申科发出会心的微笑。他认为自己国家的领导人完全做得对。我们——苏联空军志愿大队援华只有一个目的：一心为友好的中国人民的自由解放而战，战绩哪怕再辉煌，也不应该炫耀。

本来嘛，每个空军志愿大队的人，来华时都一一表示：甘当无名英雄!

库里申科拿着这则报道空战胜利的消息，再一次读着，边读边用手抚摸着头上那卷曲的黑色短发，忍不住自言自语：

"这就像是给家里拍的电报……托玛，你看到了吗？"

此时，在远离中国万水千山的苏联，库里申科的妻子塔玛拉正拿着一本中国地图，寻找汉口……

自从库里申科离开祖国，并与妻女离别后，根据部队纪律，他只能告诉妻子：去到很远很远的地方，执行最重要最重要的战斗任务。

很远很远的地方，这到底在哪里？

塔玛拉明白，这是不能写在信上的。

当时，中国反抗日寇侵略的战争正打得激烈。潜意识告诉她：最亲的亲人格里沙，一定是到了很远很远的中国!

从此以后，塔玛拉每天要做的第一件事，就是拿起当天的报纸，阅读有关中国战况的所有报道，一字一句都不放过。

最近几天，报纸上报道了中国重型轰炸机群轰炸日军汉口基地的消息，令人十分振奋。她读后猜想：这肯定是格里沙和他的战友们干的。

消息中最后一句话，使她感到特别欣慰：

所有轰炸机都安全返回自己的基地。

塔玛拉把这句话，读了一遍又一遍⋯⋯

汉口，终于被她从中国地图上找到了。

她抬起头来，遥望蓝天，喃喃自语，为自己最亲的亲人深深祝福：

"格里沙，格里沙！愿你平安康健，万事如意！⋯⋯吻你！"

库里申科飞行大队于 10 月 3 日摧毁了日寇占领的汉口机场，沉重打击了日本空军的威风，这使目空一切的日本侵略强盗坐卧不安。

当他们回过神来后，就开始昼夜寻找使他们遭灾的重型轰炸机基地。

敌人的行动，早在飞行大队的意料之中。

于是，在库里申科大队长的指挥下，将所有的飞机都分散开来，还用当地的稻草做了伪装，并且在飞机下面垫着特制的板子，然后停放在水田里。为了更加安全，油箱里的油都全部倒了出来。偶尔敌机空袭时飞来的流弹，都深深打进稻田的泥土里，丧失了破坏力，顶多只能往伪装好的飞机上，溅上一些泥土。

日本侵略者通过他的间谍网，终于查明了驾驶重型轰炸机的是什么人，并且确切地知道了基地的位置，便向成都发动一系列空袭，有时日机一次就要出动七八十架次空袭成都。但不管白天黑夜，敌人一次也未能炸中苏联空军志愿飞行大队的任何一架飞机。

日本侵略者的空袭遭到惨败，使他们气得发疯。于是，在日军中便流传着苏联轰炸机上装有"秘密武器"的神话。

苏联空军志愿飞行大队确实有"秘密武器"，那就是全队同志"忠于反对法西斯主义以保卫世界和平"的信念和决心，以及中国敌占区游击队的眼睛和耳朵。

游击队的电台，经常向成都太平寺机场发出报警信号，向库里申科飞行大队提供日军飞机出动的情报。飞行大队一接到警报，立即驾机升空，飞往预定地区，因此日机白天来进行空袭时，从未遇上库里申科飞行大队在机场上。

飞行大队还有一个秘密：他们从已经损坏的飞机上，拆下无线电器材，装配成无线电台，并搞了个指挥所，然后，就在指挥所里用这部电台与飞行大队的所有飞机保持紧密联系。日机来空袭时，电台就向飞机报警，指挥飞机向安全地带转移；

空袭结束后，电台又指引飞机在未遭破坏的地方降落。

库里申科飞行大队的这一创造，是在艰苦的作战条件下，用无线电指挥飞机的最早经验之一。

夜里，机场的一切活动更好伪装。

常常是这种情况：从高空看，整整一夜机场上都似乎空无一人，可实际上，机场里正紧张地作起飞准备。第二天一早，当日机再次在机场上空出现时，库里申科飞行大队早已经远远地飞离成都了。

→ 空战再获胜利

★★★★★

（36岁）

1939年10月14日凌晨，库里申科大队长像每次出征一样，把翻译老刘从梦中叫醒。

老刘明白，这是又一个征战的日子来到

了，又一次惩罚日本侵略者的机会到来了。

库里申科大队长和老刘，都怀着胜利的信念，踏着坚实的步伐，走向停着"达莎"的机场。

时令快到秋末，成都平原的凌晨，已感到几分凉意，但人们杀敌取胜的心中，胜似火热。

东方一发白，库里申科大队长便率领他的战鹰大队，向要轰炸的地方出征了。

起飞前，库里申科总要拉开舱门，满怀必胜的信念，脸上漾着微笑，一双有神的眼里，闪射着亲切的光芒，有力地挥着双手，向留在机场的战友们致意：

"请等着我们胜利的消息！"

日本侵略者确信：经过他们多次向成都机场空袭，苏联空军飞行大队未必还能幸存多少。

然而，在日军司令部的战报中，已经先后两次被"消灭"的苏联援华库里申科飞行大队，现在，又在向汉口进发了。

库里申科大队长的指挥机后面，紧跟着 11 架重型轰炸机。

这次空袭汉口，飞的是一条新航线。

他们飞得很高很高，越过了稻田、山冈和森林。

汉口所在的江汉平原，已经清晰可见。

接着，空轰目标——日寇汉口空军基地出现在眼下。

库里申科飞行大队又出其不意地从云端钻出来，向日军占领的汉口机场，再次投下爆破弹、燃烧弹。

机场的日机，被炸毁了。

军用的码头，被炸塌了。

油库，被炸得浓烟夹着烈火翻滚。

营房，被炸得屋倒墙倾处处尸横⋯⋯

炸弹，在侵略者的汉口空军基地上炸开了花，一片巨大的火光，从机场直冲霄汉。

空袭十分成功！

胜利使战友们脸上绽开了笑容。

忽然，罗曼诺夫中队的一架飞机开始掉队。

机长拉夫连科报告："飞机被日军高射炮弹片击伤，我们飞行很困难。"

也就在这时，天空出现了敌人的歼击机群。

罗曼诺夫飞行中队掩护着受伤的战友，与八架飞来的日机展开了搏斗。

日本鬼子向受伤的飞机发起进攻。

拉夫连科飞机上的机关枪，很快就向上翘了起来。这说明：机枪射击手兼无线电员费多谢耶夫已经牺牲了。

同志们怒火中烧，纷纷向日机猛烈还击。

他们成功地攻击一架企图逃跑的日机，趁日机转弯的一瞬间，数炮齐发，日机一下子中弹起火，向下栽去。

另一架日机也被打得燃烧起来。

剩下几架抵挡不住进攻的日军歼击机，在撤出战斗之前，企图打掉拉夫连科已经受伤的飞机。

机长拉夫连科和领航员卢金只好弃机跳伞。

汉口日寇空军基地再次遭受袭击，使日本强盗气得发狂。

这次苏联空军飞行大队的袭击，对他们来说，简直是不可思议。

侵略强盗都不会心甘情愿地挨打。凶狂成性的日本军官们，下令空军司令部的特别后备队投入战斗。

日军从武汉机场紧急调出三个飞行大队，驾驶着德国法西斯供给他们的米塞斯米特战斗机,对库里申科飞行大队的"达莎"进行狙击。

十一架"达莎"对二十六架米式战斗机。

形势相当严峻。

空战瞬息万变，得抓住分分秒秒的时机。

库里申科大队长指挥所有飞机，排成密集队形，几乎是机翼挨着机翼，在距离日机大约只有400米时,未容日机布好阵势，便主动向日机出击。

空中展开一场鏖战。

指挥机里的库里申科大队长，是个优秀的空战指挥员。

首先，他向日军指挥机出击，对准它猛烈开火，在这同时，用无线电向各机组人员频频发出命令，指挥大家奋勇战斗。

库里申科大队的战士们，怀着热爱中国人民的崇高精神，怀着保卫中国领空的高度责任，更怀着维护正义和争取世界和平的国际主义精神，以无穷的智慧、无畏的勇敢，在弹雨中穿梭，俯仰翻飞，上下翱翔，抓住那稍纵即逝的战机，互相掩护，向凶猛的敌机集中火力狠揍。

子弹撕裂长空，射向日机。

日军的一架战斗机被击中，冒着黑烟，栽进长江。

又一架战斗机被打冒了烟。

再一架战斗机中弹起火……

这时，一架日机发现了库里申科大队长的领航机。

日军地面指挥所立即发出命令："围歼它！"

三架战斗机从上中下三方疯狂地向库里申科领航机扑来。

库里申科命令射手，对准一架迎面而来的日

机开火。

浓烟起处，日机一个跟斗翻了下去。

"达莎"的队形，始终未乱。

这时，战友们又不断向库里申科大队长报告：

"日机一架着火！"

"日机一架坠毁！"

前后共有六架日机，被库里申科飞行大队击落。

这是又一次辉煌胜利！

库里申科脸上，出现了欣慰的笑容。

今天，他再一次实现了不久前对中国翻译老刘说过的话：
"我们要侵略者付出多倍的代价，要侵略者在我们的打击下，仓皇逃命！"

空中的战斗，打得难解难分。

忽然，库里申科大队长的胸部和左肩中弹负伤，但在激烈的空战中，他丝毫没有发现，也未感到疼痛，仍驾驶着心爱的"达莎"顽强战斗。

稍后，他驾驶的"达莎"，猛烈地抖动了一下。

不好，飞机的左发动机被日机击中，"达莎"开始摇晃起来。

库里申科临危不惧！

他一边将情况告诉副大队长马卡罗夫，一边凭高超的飞行技术，带着胜利的捷报，用单发动机，驾驶"达莎"，沿着扬子江，向川西平原的成都空军基地返航……

这次对日空战取得的辉煌胜利很快通过新闻媒体传向四面八方：

　　10月14日，我空军飞武汉袭击，敌损失极巨，计炸毁敌轰炸机六十六架，战斗机三十七架，汽油库一座，内存汽油五万加仑，弹药库四所，共计弹药三万余箱，救火车三辆，汽车四十余辆。并毙敌空军少佐两名，机师六十余名，及陆海军官兵三百余名。至少击落敌驱逐机六架，其他军事设备被炸毁者，尚不计算在内。

　　空袭的胜利，打破了日本帝国主义鼓吹的空中神话。

　　当时，日本在华的陆军航空兵为十六个中队，而中国飞机仅10月3日和14日两次袭击武汉，就炸毁敌机一百六十多架，炸死炸伤日寇七八百人，这是一个极大的打击，使日寇空军元气大伤。

　　日本新任内阁首相阿部信行立即召集陆相、外相和藏相举行内阁最高会议，决定由日本军事大本营通知"中国派遣军总司令部"立即改变对中国的空中战略计划，空军迁到"安全地带"。

日军被迫把原来离中日战线不超过 50 公里的机场迁走，逃离得远远的。

逃离前，日本在华空军司令长官向"中国派遣军总司令部"请示："空军撤离多远，才算'安全地带'？"

"中国派遣军总司令部"还未从武汉空军遭袭击的惊惶中醒过来："撤离多远？我看离战场至少得五六百公里。"

空军司令怀疑自己没听清："离战场五六百公里？"

"怎么？嫌远？我认为这是最起码的里程。我们还不知道这些中国飞机从哪里钻出来哩！离战场近了安全吗？近了再重演武汉机场的惨剧，你去向东京军事大本营剖腹向天皇请罪！？"

就这样，日军的机场，从离战线不超过 50 公里的地方，一下子逃到离战场 500 至 600 公里的所谓"安全地带"。

对日空袭的胜利，在 960 万平方公里的中国土地上，不论是抗日前线，也不管是敌后游击根据地，更别说屡遭日机不断轰炸的大后方，人们喜泪交流，大家纷纷传颂，颂扬空中的战鹰，为四万万中国人民出了口恶气。

人们坚定地相信：抗日战争，必定会胜利！

→ 与中国山河同在

☆☆☆☆☆　　　　　　　　　（36 岁）

10 月 14 日。

在对日空战中不幸受伤的库里申科大队长，驾驶着受伤的战鹰"达莎"，沿着长江，向西飞行返回成都空军基地。

飞过了富饶的华中江汉平原……

飞过了长江三峡东口的宜昌……

飞过了云烟飘渺的神女峰……

飞过了岭险峰危的瞿塘峡……

库里申科肩头的伤口流血不止。

驾驶舱里，一股气流卷来，机座前方的仪表板上，洒满了库里申科的鲜血，但他仍忍着伤痛，咬紧牙关，一心要把战鹰"达莎"驾驶回成都基地。

他对着话筒喊了一句：

"活着吗？小伙子们！"

"活着，活着！"战友的回答中掩饰不住喜悦心情。

库里申科用尽最后的力量，握住操纵杆，并加大了油门。

他从飞机的轰鸣声中，准确无误地感觉到：仅存的发动机负荷过重。

发动机能坚持运转让战鹰"达莎"返回成都基地吗？必须采取紧急措施。

飞机一进入长江三峡，到处都是绵延的山岭和森林。

库里申科驾驶战鹰"达莎"，进行低空飞行。

飞行大队的其他飞机，都放慢了速度，在上空注视着，不让大队的指挥机掉队太远。

伤口巨痛，飞机颠簸，库里申科已经筋疲力竭，但头脑仍很清醒。

当飞机飞到川东万县上空，机身完全失去平衡，开始下坠。

在这千钧一发的时刻，指挥机里，库里申科大队长和领航员杰格佳连科、射手兼无线电员安东诺夫三人都可以跳伞。跳了伞，机上的人逃了生，扔下飞机没人管，那就会让心爱的战鹰"达莎"一头撞地，粉身碎骨。

"如果损坏了一架飞机，就少一分打击侵略者的力量！"这是库里申科大队长的名言。

要保护飞机完整，又要拯救机组的其他两位战友，他吩咐杰格佳连科和安东诺夫跳伞。

"我们生死要和你在一起，"领航员和无线电员同时回答，并尊敬地称呼着库里申科的父名，"阿基莫维奇同志！"

库里申科怒吼起来："我命令……命令你……们俩……快，快跳伞……"

这是到中国来四个多月里，他俩第一次听见亲爱的库里申科大队长这么发怒。

"不！我们和你共存亡！"语气斩钉截铁。

库里申科双眼潮湿了，心里想着："多好的同志和战友啊！"

库里申科默想着这一地区的地图。他心中只有一个念头：把飞机降落在长江水面。

下面终于出现一片屋顶，他明白这是万县县城。

十多年前的秋天，这里曾发生过英帝国主义炮轰这座城市，造成震惊世界的"万县惨案"的地方。

那时，作为雅戈津糖厂共青团支书的库里申科，曾为此在群众集会上大声疾呼："不许干涉中国！"

今天，终于与万县见面了，真是不解之缘啊！

久违了，万县！

库里申科的手，已经不大听使唤……

突然，他最崇拜的苏联空军英雄契卡洛夫的话在耳边响起："只要我的手还有力量，眼睛还能看见大地，我就不会放下飞机的操纵杆。"

于是，库里申科以超人的力量，拉满了沾满鲜血的操纵杆……

他用锐利的眼光，扫视地形：正下方，是波涛翻滚的长江。长江北岸，有一大片沙碛；长江南岸，是崇山峻岭。沙碛坎坷不平，飞机降落容易机毁人亡，只有长江河面宽阔，可以迫降……

飞机开始向下滑，50 米、40 米……

库里申科感觉到飞机已触及水面，他听见发动机在江面上发出巨大轰鸣……

战鹰"达莎"平稳地降落在长江江心，掀起巨大浪潮……

库里申科鼓起最后一点力气，再次命令领航员和无线电员泅水逃生。

领航员杰格佳连科和射手兼无线电员安东诺夫在战鹰"达莎"落入长江向下漂流之际，他俩钻出机舱，脱下飞行衣，先后跳水，泅到了江岸。

英雄的库里申科呢？

库里申科由于四个月来，为中华民族解放事业昼夜操劳，未能得到好好休息。这一天,又在空袭和激烈的空战中过度疲劳，加之胸部和左肩负伤，失血不少……他已再无力爬出机舱泅到岸上……

英雄的库里申科，用鲜血和生命，为中国人民换来空中打击侵略者的一次又一次胜利，而他自己，却在胜利中消失了。

大巴山在垂泪，痛悼中国人民失去了英雄的战友！

扬子江在鸣咽，哭诉中国人民失去了最亲的亲人！

中国人民将永远永远铭记着、思念着格里戈里·阿基莫维奇·库里申科……

10月14日下午2时。

当库里申科大队长驾驶的战鹰"达莎"尾冒黑烟，坠入长江万县地段时，正在躲避空袭的万县民众，立即大声呼叫：

"中国飞机落水了，赶快救飞行员！"

青年船夫杨天福、刘大贵闻讯，急忙推出小木船，划往万县下游飞机失事的红沙碛、猫儿沱一带，但只捡到两件浮在水面上的飞行衣，其他，什么也没见到。

此时，飞机已向下漂流二十余里，漫漫地沉入银小溪的江底……

与此同时，停泊在万县港的中国海军军舰"同兴"号，也派出一艘小船救援。小船到达出事地点时，库里申科机组的领航员杰格佳连科和射手兼无线电员安东诺夫，已经离开飞机泅水登岸，避入岸边的岩洞中。小船上的中国士兵将他俩从洞中喊出来，问明是刚才失事的苏联飞机上的飞行员后，立即将他们接上小船，送到万县城内，请当地政府和有关部门，送他们安全返回成都苏联空军志愿飞行大队的基地。

　　接着，万县政府和有关部门立即组织力量，在沿江进行救援——打捞库里申科的遗体和失事的"达莎"飞机。

　　11月3日，川江航务管理处水上保安团一大队第四中队，在离万县码头二十多里猫儿沱下银小溪的深水沱里，捞获库里申科烈士的遗体。

　　库里申科遗体仍穿着飞行服，这说明情况万分危急时，库里申科大队长是等待战友领航员和无线电员跳水后，他才仓促下水的……

　　在库里申科的遗体内，有一只小手枪、四发子弹、两个弹夹，还有国民政府军委会服务团成都招待所330号证章一枚。

　　万县人民按照中国的习俗，为苏联英雄库里申科举行了最隆重的追悼会和葬礼。

　　库里申科的遗体，全身用白大绸缠裹着，然后盛殓。棺材是特制的香椿木，内椁全用朱红漆漆得明光放亮，外棺用黑漆漆得鉴可照人；棺材两头，又用金粉绘成两个大大的"福"字。

再由雕有龙头和龙尾的红色木杠用32人抬着，去到万县城最大的广场西校场设置的灵堂内，供各界人士祭奠。

11月9日，万县各界数千人，在西校场为库里申科大队长（当时译为"古大队长"）举行隆重的追悼大会，地方行政长官、军警、学生及各界人士，共同举哀吊唁忠魂。

追悼会后，由冥旌、花圈、军乐队为前导，成千的部队，护卫着由四名宪兵抬着的库里申科像亭，随后是32人抬的灵柩，再后是各界人士、学生等，从追悼会场出发，由东向西再转向北，穿过全城最主要的街道，到达太白岩下专为库里申科挑选的墓地。

11月10日，万县的地方报纸《万州日报》发表专文《悼古烈士》。专文指出："古烈士之死，是为中华民族的自由解放而死，也是为世界和平人道主义而死。我们要继承古烈士的牺牲精神，为古烈士复仇！"

1940年1月1日，万县各界人士，在太白岩隆重安葬了苏联空军志愿飞行大队长格里戈里·阿基莫维奇·库里申科。

在此以前，苏联空军志愿飞行大队机械工

程师阿列克谢耶夫来到万县，与万县行政当局和航空部门一起，在银小溪的长江中，打捞起沉入江底的"达莎"飞机后，运离万县。

→ 最后的家书

★★★★★

（36岁）

库里申科飞行大队 1939 年 10 月 14 日对日军汉口空军基地进行轰炸取得巨大胜利，以及与日本空军进行空战的消息，在 10 月 15 日苏联《真理报》上，以"中日战况"作了简略报道：

有近百架来不及起飞的日军飞机被中国重轰炸机炸毁。日本的军火库燃起了熊熊大火，一直持续燃烧了三个小时……

日军歼击机向中国飞机迎面扑来。在激烈的空战中，有六架日军歼击机被击落……

正在焦急等待亲人信息的塔玛拉，从10月15日《真理报》"中日战况"极其简短的报道中，她似乎看出了许多许多的东西：

格里沙带领战友驾机出击……

格里沙和战友与日机空中鏖战……

格里沙率领大队胜利返航……

格里沙迫不及待地写平安家信……

"但愿这几天能收到格里沙的信。"塔玛拉想道。她总为亲人的安全时时担心。

库里申科的几封家信，正由邮政班机从中国送往苏联的途中。信，写得极朴实、动人，对妻子和女儿，充满着无限爱恋和关切之情。

托玛：

信，我昨晚就写好了，但未能寄出。因为当时已夜深了。今天，收到你的来信，非常高兴，决定再补写几句。

从来信中得知你和心爱的英娜都很健康，我为此感到特别高兴。

你的事进展顺利，既没遇到困难又没受到委屈，这真是太好了！

还有一事令我兴奋，那就是你对大衣感到满意。

一定要请瓦夏来我们家做客。以后我们也要去拜访他。自家弟兄嘛！

至于训练班和英娜的事，我很赞成。你就看着办吧，只要这些事对你们有好处。

你可一定要去看看那个展览会。

萨沙向你、科斯佳和玛露霞问好!

吻你　格里沙

还有一封信：

托玛:

你好!

三天前才给你寄去一信。

今天，邮政班机来了，又匆匆给你写两句。

三天过去了。

这三天没有什么变化。

我活着，身体健康，自我感觉十分良好!

就写这些。

热烈地吻你　格里沙

通常，驻扎中国成都的苏联空军志愿飞行大队队员写给苏联本土亲人的信，在途中要走三个星期。当塔玛拉读了10月15日《真理报》"中日战况"后，收到库里申科最后的一封信，是10月10日写的，邮戳上清清楚楚注明："1939年10月16日。"

她稍稍松了口气，急忙一遍又一遍地读着从遥远地方寄来的亲人的信。

托玛：

日安！

来信收悉。谢谢！

从信中得知，你们那里天气已经冷起来了，望你们多保重。

伟大的十月革命节快到了。请你以我的名义，给心爱的英娜买件礼物送给她。你一定要说是爸爸寄回来的。我给你的节日礼物，则要等节日之后才能寄回了。

我生活得很好，身体也很健康，一切都有保障。

请别为我担心。

萨沙、罗曼诺夫向我们全宿舍楼的人问好！

我也同样问候伊万、基钦、吉洪诺夫等所有人好！

就此搁笔。请来信。

吻你　格里沙

1939 年 10 月 10 日

又及：

你想与我一道去参观展览会，很遗憾，今年的展览会在闭幕前，我是赶不回来了。

我曾请你打听为什么阿列克谢耶夫收不到家信，现在他已经收到了，我们也放心了。

塔玛拉高兴地想："格里沙将很快收到我寄去的照片哩！"

是的，在飞往中国成都空军基地的苏联空军邮政班机里，有一封厚厚的信，信里装有几张照片，照片上是库里申科青春靓丽的妻子和扎着小辫翘着鼻子的小女儿。

照片上的妻子满含柔情与温馨……

照片上的女儿笑得分外地天真……

照片背面一行歪歪扭扭的大字："爸爸，等你回来哟！"

信封上，工工整整地写着收信人的地址和姓名：

苏联　莫斯科　邮政总局

格里戈里·阿基莫维奇·库里申科

塔玛拉和小英娜哪会知道，她们最亲最亲的亲人，再也无法看到她们的倩影，再也无法写回信报平安了……

塔玛拉和女儿英娜仍苦苦地等着她的格里沙的回信。

十月革命节过去了……

新年快到来了……

塔玛拉等啊，等啊，真是度日如年……

新年前夕的一个早晨，有人胆怯地轻轻敲响了塔玛拉的家门。

塔玛拉和小英娜急忙开了门。

门口，站着库里申科的好朋友，飞行大队机械工程师阿列克谢耶夫。

采取轮换制的苏联空军志愿飞行队，每六个月轮换一批，库里申科飞行大队的全体成员，都从中国飞回来了。

阿列克谢耶夫穿着飞行外套，头戴飞行帽，显然是直接从机场赶来的。

他的手上，提着库里申科的小手提箱。

手提箱上，系着一个绸制老虎和一具"中国草龙"，这是库里申科在中国成都给心爱的女儿买的玩具。

小英娜高兴得又笑又跳，拉着绸老虎和"中国龙"不放……

塔玛拉伸出颤抖的双手，又急忙缩回来："格里沙，他……"

阿列克谢耶夫沉默地低着头。

"啊!？"她什么都明白了，止不住悲从中来……

泪水，像断了线的珍珠……

一滴滴，落在绸制老虎头上……

一串串，落在草编中国龙身上……

库里申科永垂不朽

（1945）

→ 新建烈士陵园

★★★★★

岁月悠悠，历史悠悠……

历史的灾难，总是用历史的进步来补偿。

日本强盗，在中国人民打击下败下阵来，1945 年 9 月 2 日，终于无条件投降了。

灾难深重的中国人民，在驱逐日本帝国主义之后，又进行了三年多的人民解放战争，挣断了帝国主义、封建主义和国民党反动派套在脖子上的一条条锁链，于 1949 年 10 月 1 日，建立了中华人民共和国。

中国人民站起来了!

中国人民没有忘记历史。

中国人民更不会忘记，在川东万县市太白岩下，埋葬着抗日战争中为中华民族的解放而英勇牺牲的苏联英雄库里申科烈士。

1949 年 11 月 12 日，即中华人民共和国刚成立一个月后，全国发行量最大的《中国青年》杂志，率先刊登了库里申科援华抗战的英雄事迹，号召全国青年学习他的国际主义精神。

接着，库里申科飞行大队长在中国执行任务时的中国翻译刘群，在中国青年出版社出版的《伟大的友谊》一书中，撰写专文《库里申科大队长——追记抗日战争中的苏联空军志愿队》，纪念这位伟大的国际主义战士。

年年岁岁，每逢清明节和 10 月 14 日库里申科祭辰，万县市人民遵照中国的习俗，敲锣打鼓，吹响唢呐，献上花圈，燃放鞭炮，唱起悲壮的《国际歌》，成群结队来到太白岩下，祭奠库里申科烈士。

岁岁年年，每当 11 月 7 日苏联十月革命节这一天，万县市人民又集结在库里申科墓前，纪念长眠在这里的苏联英雄，听人讲述他的英雄事迹。

1951 年 2 月 13 日，万县市成立"中苏友好协会"后作的第一项决议，就是修建苏联友人库里申科烈士墓。

1951 年 9 月，在轰轰烈烈的抗美援朝运动中，万县市人民踊跃捐献飞机大炮，一致决定将捐献的一架战斗机，庄重地命名为"库里申科号"，以此来纪念这位与中国人民血肉与共的生死朋友。

万县籍诗人方敬的叙事诗《库里申科》，在首都北京的《人民日报》1957 年 10 月 31 日刊出后，立即在全国引起极大反响。

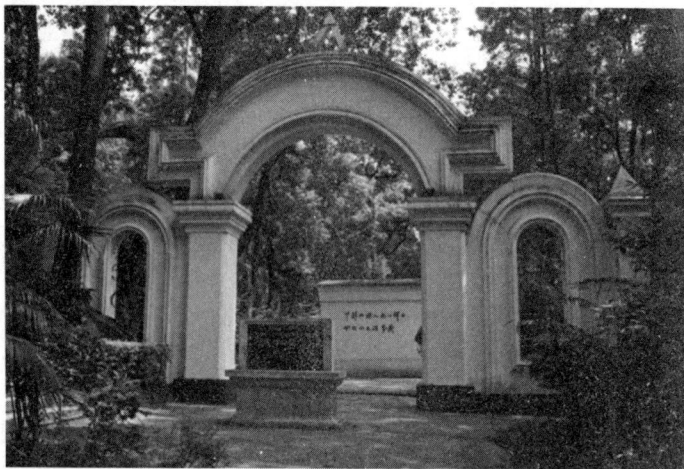

△ 库里申科烈士陵园大门

音乐家用激越的旋律，为库里申科谱写出一曲曲颂歌。

美术家用多彩的画笔，精心创作出赞颂库里申科的连环画。

曲艺家用四川清音、金钱板等群众喜闻乐见的形式，四处传唱着库里申科。

库里申科的英雄事迹，被编写进中小学教科书里。

华夏神州，掀起一阵阵库里申科热潮。

库里申科援华的英雄事迹，苏联也早已载入历史史册。

20世纪60年代，苏联国家出版社正式出版了一部苏共中央马列主义研究院编了六卷本的苏联卫国战争史书，在这部史书的第一卷中，就记述了库里申科的英雄事迹：

在为中国人民的事业而进行的斗争中献身的格里戈里·库里申科，他的名字已带上了传奇色彩。

英雄的库里申科，创造了争取人类和平的历史。显然，他在从事自己的事业时，从未想过自己是否会载入史册，但他以自己年轻的生命，写出了保卫世界和平的辉煌篇章。这正如一位苏联

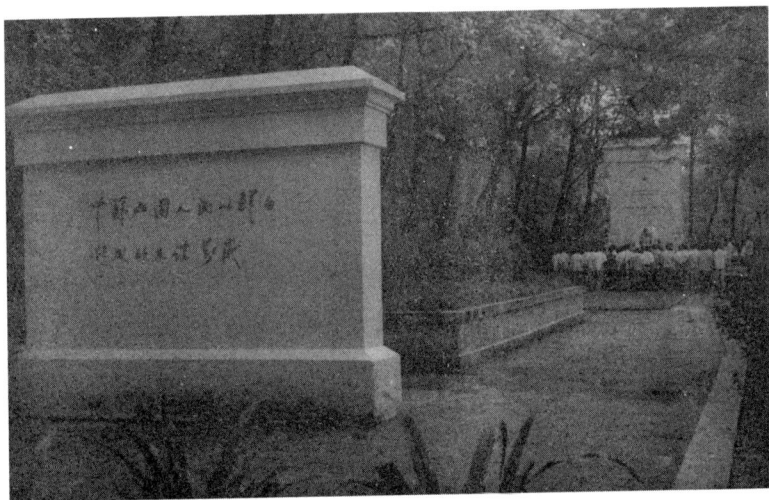

△ 库里申科烈士陵园一角

记者 20 世纪 50 年代来中国采访了库里申科的英雄事迹后写的那样：

库里申科的生命，犹如天上的星星，正是许多这样的星星，在历史的银河中，照亮了人们前进的道路。

历史悠悠，岁月悠悠。

人民永远不会忘记，曾用自己鲜血和生命来书写历史的英雄。

△ 库里申科烈士墓碑（背面·俄文）

1958 年 7 月 7 日，万县市人民为了纪念抗日战争 21 周年，抚摸着昔日抗战留下的伤痕，特地在风光如画的西山公园里，专门为库里申科修建了一座烈士陵园，将那 19 年前埋葬在太白岩下的孑然孤坟迁葬进这里，好让成千上万的人民群众，怀着崇敬的心情，来墓地瞻仰，来陵园把过去的苦难历史重温。

　　新建的库里申科烈士陵园，宽敞，幽静，肃穆。

　　一踏进陵园大门，就见一块竖立着的白色石碑。

　　石碑正面，镌刻着一行金光闪闪的大字：

　　　　中苏两国人民以鲜血凝成的友谊万岁！

　　石碑背面的金字是：

　　　　伟大的国际主义战士永垂不朽！

　　石碑后面，是种着花卉和松柏的花坛。

　　再后面，是绿草如茵的小坪。

　　爬上三级石梯，就到了库里申科烈士的墓地。

　　遵照苏联的习俗，坟墓垒成长方形。

墓里，埋葬着一个英雄的故事，一段悲壮的历史，让世人代代传颂。

墓前，耸立着一座近两丈高的汉白玉墓碑。

墓碑的设计，庄严大方。

顶端，是两面中国和苏联的国旗。这两面国旗，都浸染着烈士的鲜血。

两面中苏国旗之间，是一只正展翅飞翔的白色和平鸽。

△ 库里申科烈士墓碑（正面·中文）

在中苏国旗之下，是一架重型轰炸机，正穿云破雾，向前飞行。

碑身，高大宏伟。

正面，在金色五角星的照耀下，有三行汉字隶刻碑文：

在抗日战争中为中国人民而英勇牺牲的苏联空军志愿队大队长

格里戈里·阿基莫维奇·库里申科之墓

（一九零三——一九三九）

一九五八年七月七日立

墓碑背面的雕饰与正面完全一样，碑文则用俄文刻着正面同样的内容。

墓碑，就像库里申科烈士不朽的身躯，供人们永远瞻仰。

陵园四周，苍松翠柏，绿荫葱郁。

安息吧！中国人民的亲人！

愿你永远永远与巴山蜀水、与中国山河同在。

→ 不远万里祭亲人

★★★★★

1958 年新中国国庆节前夕，中国红十字会代表中国政府，从遥远的苏联莫斯科邀请来两位尊贵的客人：库里申科烈士的妻子塔玛拉·阿列克谢耶夫娜·库里申科、女儿英娜·格里戈里·库里申科。

请母女俩来中国做客，并祭扫万里外的亲人陵墓。

她们从莫斯科出发，飞越万重关山、千条江河。9 月 29 日，到达新中国首都北京。

一踏上中国的土地，母女俩就置身在友谊的海洋，感到无比幸福。

在 9 月 30 日，中国国庆节前夕，周恩来总理举行盛大国庆招待会。库里申科烈士的妻子和女儿，作为贵宾应邀出席。招待会上，周总理专门走到她们面前，握住塔玛拉和英娜的手，深情地说："中国人民永远不会忘记格里戈里·库里申科。"

10月1日，中国的国庆节。

这是中国人民的盛大节日。

库里申科烈士的妻女，应邀参加了盛大的中

△ 1958年10月8日，库里申科烈士妻子塔玛拉（前排右一）、女儿英娜（后排右二）不远万里来中国万县市祭奠亲人，由万县市委书记、市长郭华（前排左一）陪同步入库里申科烈士陵园。

国国庆观礼。

国庆夜，在天安门城楼，库里申科的妻子受到中国人民伟大领袖毛泽东主席接见，并和毛主席亲切握手。同时，还会见了和毛主席共同领导根据地军民抗日的朱德总司令和刘少奇同志，又一起观看了节日焰火。

塔玛拉兴奋地说："作为一个苏联的普通公民，能见到中国人民的伟大领袖毛泽东主席，这是我一生中最大的幸福和光荣！"

这时，扬子江上游万县市新修的库里申科烈士陵园，正等待亲人来祭扫。

10月8日清晨，库里申科烈士的妻子和女儿，来到了万县市。

万县市人民以最真挚的友谊和最热烈的心情，迎接从远方来的贵宾和亲人。

当天下午，万县市党政机关负责人和各界代表六百多人，陪同烈士家属来到西山公园中新修的库里申科烈士陵园，举行了隆重的扫墓仪式。

初秋的西山公园，处处丹桂飘香。

肃穆的库里申科烈士陵园，四周溢香滴翠。

库里申科烈士的妻子和女儿，万里迢迢来到了阔别19年的亲人库里申科墓前，心中真有说不尽的千言万语。

19年啊，岁月悠悠！

当年，库里申科离别家人，率领苏联空军志愿飞行大队到中国援华抗日时，青春靓丽的妻子塔玛拉，如今鬓角已染上霜痕；那时，年仅两岁多的女儿英娜，现在已是莫斯科机床制造学院的优秀大学生。

在19年的悠悠岁月里，不尽地思念无时无刻不在吞噬着家人的心。

在思念中度过19年漫长岁月的今天，她们终于来到了万里外的亲人墓前，满含热泪，敬献了花圈，捧出了两颗思念欲绝的心。

扫墓仪式中，万县市各界代表向烈士敬献花圈，鞠躬致哀。

一支由女同志组成的合唱队，唱起苏联歌曲《光荣的牺牲》：

这支悲壮的歌曲，把人们的思绪，带到那烽火连天的年月……

感受不自由莫大的痛苦，

你牺牲了光荣生命；

在我们艰苦的斗争中，

你英勇地抛弃头颅，

英勇，你英勇地抛弃头颅……

库里申科的妻女，从遥远的故国家园，第一

次来到异国他乡祭奠亲人，心情是万分悲痛的。但当她们看到中苏人民的深厚友谊，特别是万县市人民对库里申科的怀念和敬仰，又感到无限欣慰。

扫墓仪式上，中共万县市委书记、市长郭华，怀着十分沉痛的心情，宣读了祭奠苏联空军英雄库里申科烈士的祭文。

他十分详尽地介绍了抗日战争时期，苏联空军志愿队为中华民族解放创下的丰功伟绩，以及库里申科大队长在万县英勇牺牲的具体情况，还讲了万县市人民修建库里申科烈士陵园和迁葬烈士的种种感人事迹。

最后，郭华市长十分激动地说："扬子江的波涛依然滚滚滔滔，太白岩的雄鹰还是傲然翱翔，可是，我们中国已进入了一个崭新的时代——社会主义建设时期，革命的红旗将永远飘扬！库里申科同志，安息吧！你尽管安葬在离自己祖国遥远的中国万县土地上，你的亲人随时都可以很方便地来这里祭奠。在这块神圣的墓园里，每一株花草、每一块石头，都受到万县市人民的爱护。更重要的是格·阿·库里申科伟大的国际主义精神，已成为万县市人民世世代代学习的榜样！格·阿·库里申科同志永垂不朽！"

烈士的女儿英娜站在父亲墓碑前，为答谢万县市的父老乡亲，无限深情地说："我的父亲格·阿·库里申科，为六亿中国人民的解放事业贡献了自己的生命，我为他感到骄傲！我父亲长眠在中国的地下，看到今天中国人民在社会主义建设中所获得的伟大成就，他一定会感到万分高兴！"

下午6时，万县市党政军机关和群众团体联合举行酒会，对万里祭亲人的库里申科烈士家属进行慰问，并赠送礼品，其中最珍贵的是万县市中苏友好协会专门精印的纪念册《悼念伟大的国际主义战士——苏联空军志愿大队长库里申科烈士》，还有相册，那是解放后万县市人民历年扫墓、迁葬等纪念活动的照片汇集。

10月9日。一个雨雾蒙蒙的秋日。

库里申科烈士的妻子和女儿，再一次来到库里申科烈士陵园，向亲人告别。

她们伫立在亲人墓前，久久地、久久地不忍离去……

母亲采摘下墓园的束束松柏，常青的松柏，象征着中苏人民万古长青的友谊。

女儿摇落了墓园的朵朵金桂，芬芳的花朵，象征着中苏人民无比幸福的生活。

松柏，金桂，塔玛拉和英娜一样一样地珍藏着，她们要带回故国，带到莫斯科。

随后，库里申科烈士的妻子和女儿，向万县市人民挥手告别。

她们一再向送行的人们，表示深深的感谢！

感谢万县市人民，年年岁岁对库里申科的敬爱和关怀。

感谢万县市人民，对她们母女俩胜过亲人的接待。

库里申科的妻子说："我回到莫斯科，首先要向苏联人民汇报的，就是伟大的中国人民这种深厚友谊，温暖了我们母女俩的心！"

库里申科的女儿更是热情洋溢："伟大中苏人民的友谊，使我忘记了莫斯科和中国还有遥远的距离！"

→ ## "谁也不会忘记"

★★★★★

在和平的岁月里，人们更珍视用鲜血凝成的战斗情谊。

1959 年 10 月 1 日，中国的国庆节。万县市人民收到库里申科烈士的女儿英娜从苏联莫斯科发来的庆贺电报。

11月7日，苏联十月革命节。万县市人民政府、中苏友好协会代表全市人民，给库里申科烈士的妻子和女儿发去祝贺电报。

从20世纪60年代初起，中苏关系一度出现裂痕，库里申科妻女与万县市人民之间的交往，也曾被迫中断。

但彼此并没有被这样那样外来的影响，而中断了心中的思念。

每当清明时节，万县市人民照样去库里申科烈士陵园扫墓。

少先队员照样高举队旗，去库里申科烈士陵园举行入队宣誓。

共青团员和青年学生，接过老一辈传下的友谊接力棒，照样去库里申科烈士陵园过团日或开展集体活动。

万县市人民随着岁月的流逝，对库里申科的缅怀，更加诚挚。

1985年9月，为了纪念抗日战争和世界反法西斯战争胜利四十周年，万县市各界代表，于9月3日，到库里申科烈士陵园祭奠库里申科。当天，地方报纸《万县日报》发表了长篇纪念文章《伟大的国际主义战士——库里申科》。

随着中国的改革开放，中苏关系翻开了新的历史篇章。

1987年8月15日，纪念抗日战争胜利52周年之际，四川省人民政府首批将万县市库里申科烈士陵园，列为全省五个烈士纪念建筑物重点保护单位之一。

1988 年 2 月 13 日，苏联驻华大使馆派三秘宋财福、雷恰罗专程从北京到万县市，为库里申科烈士扫墓。

1988 年 12 月 21 日，万县市委书记魏益章和副市长黄叶林一行，专门察看库里申科烈士陵园，决定拨一笔专款，进一步整修烈士墓园，还计划修建一座小巧精致的库里申科烈士陈列室。

库里申科没有被忘记。

他，在万县市人民心上，永远占有重要之地。

万里关山，隔不断库里申科父女的浓浓亲情。

为了让烈士的亲人在 31 年后，再来中国看看烈士陵园，在纪念库里申科牺牲 50 周年之际，万县市人民通过中国人民对外友好协会，特别邀请库里申科的女儿英娜，在清明时节再一次来中国万县市为亲人扫墓。

1989 年 4 月 10 日上午。

春雨潇潇，春风袅袅。

英·格·库里申科带着自己的女儿阿·维·别列谢多娃，专程从苏联来到中国，再次冒雨踏进库里申科烈士陵园，参加万县地区对外友好协会和万县市政府举行的纪念格·阿·库里申科烈士牺牲 50 周年扫墓活动。

当烈士亲人眼含晶莹的泪水，怀着无限的亲情来到墓地，烈士陵园响起了哀乐声。

英娜和女儿，为长眠在异国的亲人敬献了由红黄白绿紫等多种颜色组成的花圈，上面用中、俄两种文字写着：

"库里申科永垂不朽。"

英娜从 1958 年 10 月来中国为父亲扫墓后，又过了 31 年。当年 21 岁的大学生，如今已 52 岁，是苏联度量衡学院的主导工程师，两个青年的母亲了。

她满含激情，带着 31 年的风霜，又站在父亲的墓前，发表了十分动人的讲话："感谢热情的万县市人民将我父亲的墓园保护和修整得这样完好，我们俄语中有一句成语说'谁也不会忘

△ 1989年4月10日库里申科的女儿及外孙女为库里申科烈士墓献花圈

记，什么也不会忘记"，这一点在我们中苏两国人民生活当中和我们两国历史发展当中，都有着见证。在中国抗日年代那最艰难的时刻，我国很多志愿飞行员都牺牲在中国的土地上。有意义的是，在俄国十月革命时期，中国也有一个红军团在苏联作战，团长叫任辅臣，1919 年牺牲在乌拉尔地区，他的墓碑至今仍保存得很好。乌拉尔地区的人民也像万县市人民一样，常常去墓地悼念任团长。我们这次在北京时，还专门拜访了任团长的亲属。今天，我们又参加万县市人民为我父亲举行的隆重纪念和扫墓活动，这都象征着我们中苏两国人民友好往来情深似海。我们希望用这种友好关系的精神，去培养、教育下一代，我们更希望中苏人民的友谊，在将来会得到更进一步的发展和巩固。"

她接着说："我的母亲1958 年曾来过万县市，至今还留着美好的回忆。她这次因年事已高，加上身体不好，未能再来中国，我代表她，向你们致谢！感谢万县市人民对我父亲陵墓和墓园的保护，感谢万县市人民为我父亲经常举行种种悼念活动！"

她最后说："为了使我们两国人民的友好传统不断发展，同时，更希望两国人民互相理解，现在，按照我们苏联的传统习俗，我从苏联带来一块大理石，送给你们，愿我们的友谊，像大理石那样晶莹透明，永远光辉！"

接着，英娜十分激动地将用小圆盒装的一块大理石，放在父亲的墓碑上。

英娜的女儿别列谢多娃被万县市人民的热忱和友好感动得

哭了，她接着母亲的话说："我对中国的同志表示无限地感谢！我代表苏联的第三代，向中国的人民表示感谢！我希望我们两国人民的后代，能像老一辈那样，都要记住那些为革命献身的烈士的名字，为两国人民的友谊，为两国友好关系不断发展和巩固做出努力。"

英娜和女儿一行，结束扫墓活动后，又前往

△ 1989年4月10日万县市各界人士与库里申科的女儿和外孙女一起，悼念库里申科烈士。

库里申科烈士牺牲地——万县市郊红沙碛猫儿沱凭吊。面对滔滔长江东流水，两代苏联人的心里，都有说不完道不尽的沉痛。

英娜母女俩还在有关人员陪同下，观光了万县市的市政建设，访问了罐头食品厂、毛巾床单厂和川东科吉卡皮革公司。

在万县地区对外友好协会举行的隆重招待会上，英娜热情洋溢地说："我再次来到这里，亲眼看到和亲耳听到的一切，都是十分珍贵的。万县市是我父亲库里申科的第二故乡，作为他的家人和后代，我们都非常喜欢这个城市，愿意经常来访问，来祭扫父亲的陵墓。"

英娜十分高兴地接受了万县地区对外友好协会和万县市人民政府代表万县人民赠送给她的精巧瓷盘和中国画。

瓷盘上，刻着格里戈里·阿基莫维奇·库里申科身着红军军装英姿勃勃的半身像。

英娜表示，她回国后，要寄一些父亲的遗物来万县市，供将来库里申科烈士陵园的烈士陈列室修建好后进行陈列。

俄罗斯的民谚说："谁也不会忘记，什么也不会忘记。"

中国万县籍诗人方敬半个世纪前在叙事诗《库里申科》中的悲壮吟唱，仍萦绕在人们耳边：

这条大江从我家乡流过，
就在这里库里申科壮烈牺牲。
为了赞颂这永恒不朽的生命，

江水日夜唱着中苏友好的歌。

周恩来总理早在上个世纪 50 年代，就说出了人们的心声："中国人民永远不会忘记格里戈里·库里申科。"

两国人民用鲜血、友情谱写的历史，正在一代一代延续……

后 记

一名国际主义战士

"我像体验自己祖国灾难一样体验中国人民的灾难，当我看到日寇狂轰滥炸中国的土地时，我非常的愤怒和难过。……我们要敌人付出多倍的代价，要敌人在我们的打击下仓皇逃命。"这是格里戈里·阿基莫维奇·库里申科，一位伟大的国际主义战士发自肺腑的宣言，他将自己的心与中国大地紧紧地联系在一起，同中国人民一起肩并肩与日寇作斗争，从此他的名字也大大地写上了中国历史的光辉一页。

在库里申科安息的地方，没有森严的围墙，也没有大铁门，沿着灌木规划的通道，走进墓地，就如走进一片巨大的肃穆中。这是真正的灵魂的栖息地，无论活着的还是死去的灵魂，只要到了这里，都会得以宁静得以安慰。

站在英雄的墓碑前，只是静静地伫立着，就像冥冥之中有着某种神喻，让我体味这圣洁的死亡之意境。这是七十多年后的今天，这世界已经是天翻地覆，但七十多年前中国天空那一幕幕血与肉的厮杀、魂与灵的较量，却像是清澄的蓝天、白云一般明晰，始终无法从我们的记忆中抹去。

在战火纷飞、硝烟弥漫的年代，库里申科为了正义与理想，离开他深爱的家人，不远万里来到中国，帮助中国人民，用生命与鲜血实现了自己崇高的人生价值，换来今天的和平与繁荣。抗日战争期间，数百名像库里申科一样的苏联空中勇士血洒中华大地，在反击日本侵略者的战斗中，建立了可歌可泣的英雄业绩。他们血洒中国的长空和土地，用鲜血和生命筑造了中苏两国人民之间永世友好的桥梁，中国人民是永远不会忘记这用鲜血浇灌的友谊。